ENNEAGRAM

九型人格
職場聖經

台灣首位「九型人格學」國際認證講師
胡挹芬/著

化危機為轉機的深入性格解析

只要懂得消融自己，你就能夠化解所有的人際危機！

九型人格是古老的心靈密碼學，它就像是一張人性地圖，指出人性中的各種欲望。
它可以幫助你瞭解自己與理解他人，破除人際迷霧，是一項幫助人們喚醒真我的極佳法門。

工作中好修行

只要懂得消融自己，你就能夠化解所有的人際危機。

「工作中好修行。」從事企業九型人格諮商的多年經驗，我非常認同這句話！

法鼓山的聖嚴師父亦說：「帶著禪心去上班。」的確，職場正是身心靈的最佳修練場。

這是我第二本九型人格職場書。相較於第一本《改變你一生的九型人格學》以同事與同儕的相處為主，這本書更著重從領導者的角度出發。

一位出色的領導者，在搞定部屬前，一定得先對治自己的性格黑洞。只要懂得消融自己，你就能夠化解所有的人際危機。職場上絕大部分的阻礙與煩惱，往往來自於自己的心魔。你怎麼想，就會怎麼表現；怎麼表現，就會收到相應的結果。

缺少包容心與同理心的人，在職場上常自認才華難以伸展，也因為不夠尊重他人而更難得到人際助力；心胸不夠開闊的人不容易成為一位優秀的領導者。同樣地，過度情緒化與自我中心的人，在職場上

往往因為盲目衝撞而處處樹敵，小不忍則亂大謀的性格也很難成為讓人信服的領導者。

然而，性格的黑洞雖然是我們待人處世的致命傷，那原本讓我們引以為傲的性格優勢，也有可能因為我們過度強調而變得讓人難以忍受。

所以，本書將從「溝通」、「團隊」、與「領導」三個領域來分享九型人如何受到人格特質的影響，取得最佳平衡。

最後，我要特別感謝雪芳與毓娟的協助，以及出版社的昱彤。二位幫忙我分擔了九型分校的事務及協助本書漫畫部分的發想與整理；另一位則擔任了編輯工作。還要特別感謝所有曾與我分享上班之酸甜苦辣的企業團體與學員們，你們的職場人際奮鬥史將激勵廣大的上班族，更讓無數正在學習管理與領導的主管們受惠。

勇行者・一行者・願行者

艷芬

于 心靈香契 三峽

2012年3月2日

CONTENTS

CONTENTS

九型人格

preparatory

準備篇

Ⅰ 一部流傳2500年的人性地圖

　　九型人格（The Enneagram）適用於所有與「人」有關的狀況，包括瞭解個人行為與掌控人際互動。它就像是一張「人性地圖」，指出人性中的九種「恐懼」、「欲望」、「價值觀」、與「自我扭曲」。不僅可以幫助你看見自己人格盲點所衍生出來的人際困境；同時，也讓你洞悉別人內心的掙扎，進而幫助對方暫時卸下心防。

　　九型人格是一項「人際診斷工具」。因為，它不僅詳細剖析九大人格類型，同時，還能夠預測，當人們在緊張或放鬆的情形下，人格機制將會有什麼樣的轉變。

　　Enneagram（發音為：ANY-a-gram）是希臘文。「ennea」是希臘數字「九」；「grammos」是「圖形」的意思。Enneagram代表一個九角圖形（圖1），其起源已不可考，據推測最早可能出現在距今約二千五百年前，古希臘哲學家畢達哥拉斯的筆記當中。經過千年的漂流，由不同時代的心靈導師與心理學家們，根據圖形的結構，加入各地宗教與文明的智慧元素，並參考現代心理學的分類方式，發展出九種性格類型以及類型彼此之間的互動關係，最後成為現在我們所使用的The Enneagram—九型人格。

　　「九型人格」的中心理念融合世界各大宗教的智慧，包括佛教、回教（尤其是蘇非教派）、基督教、猶太教（指卡巴拉一派）。這些宗教都相信人性之中有與生俱來的美好本質——真我（Essence），

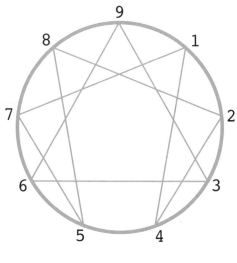

圖1 The Enneagram

只是因為人們受到了誘惑或被蒙蔽，因此與內在的美好本質──真我（Essence）失去了連結，成為處處受到性格擺布、活在欲望、焦慮與不安當中的「性格的囚犯」。

宗教的目的就是要喚醒人們心中的真我，讓人們活在與「真我」連結、而不是與「性格」連結的境界。而「九型人格」正是一項幫助人們喚醒真我（Essence）的極佳法門。

「九型人格」不是信仰，它是跨越宗教的一項身心靈修習工具，可以幫助現代人瞭解自己與理解他人，破除人際迷霧。不論你的信仰為何，都可以使用「九型人格」來幫助認識自己，解開性格的枷鎖，做一個真正自由的人。同時，因為瞭解其他性格類型的人，而有更大

的包容力與同理心。你能夠體諒為什麼別人會這樣想、會那樣做，因為，他正活在性格的掌控之中。此時，你心中對他人的不諒解將會被慈悲所取代，許多衝突也將因為你的改變而消失。

　　唯有瞭解自己的優點與缺點之後，一個人才能夠真正的自我肯定，進而激發他人，成為優秀的領導人。

Ⅱ 找出你的人格類型

胡氏九型—兩題快速題測(1)

　　結果顯示，有將近百分之八十的人在做此題測時，就已經可以掌握自己主要的性格類型；或從九種刪減至二或三種可能的性格類型。

　　做完兩題題測後，強烈建議你保持一顆開放的心去閱讀測驗後的〈九型人小檔案〉與我的另一本書《九型人格學》，然後，給自己一段時間自我觀察。最好能夠跟你身邊親近的人一起討論，相信最終會確認你的性格類型。

　　當你真正辨識出自己的性格類型時，就會知道「就是它了！」，因為，你隱約知道「一直改不了的性格」會變得清晰。也許，你會不好意思承認「真的一直就是那個樣子！」；也許會因為找到讓你苦惱的行為原因而感到解脫！當這些感覺出現時，表示你已經正確地找到你的性格類型了！

如果只能用一句話來形容你自己，那會是——

我是一個比較重理性、講求自制力與效率、給人冷靜形象的人。

or

我是一個比較樂觀、隨遇而安、不太喜歡自尋煩惱的人。

or

我是一個比較情緒化、會隨感覺行動，甚至容易暴走的人。

在團體中，
你的角色通常是——

在團體中，
你的角色通常是——

在團體中，
你的角色通常是——

擇善固執、講求誠信、是非分明、做事按部就班。

（第一型人）

開朗熱心、主動關心別人、想做大家的好朋友。

（第二型人）

融入團體、主動對別人表現友善支持、不習慣當領導者。

（第六型人）

or

or

or

自信主動、講求效益、注重形象、處事靈活變通。

（第三型人）

勇於嘗新、很會帶動氣氛、通常是聚會中的開心果。

（第七型人）

獨立強勢、直來直往、習慣當領導者、不會讓自己吃虧。

（第八型人）

or

or

or

樂於獨處、喜歡觀察、熱衷探討別人不知道的知識。

（第五型人）

沉靜低調、不喜歡出風頭、常是大家傾吐的對象。

（第九型人）

敏感內斂、喜歡幻想、不想和別人一樣。

（第四型人）

九型人小檔案

現在，請根據二題題測的結果，靜心閱讀與你相關的性格類型介紹。有沒有哪一型貼切地反映出你平日大部分時候的行為？要提醒你的是，每一個人不一定擁有所屬性格類型的全部特質，請以「大部分相符」即可。

＊更詳盡的人格特質介紹，請參考把芬老師的《九型人格學》與《九型人格心靈密碼》兩本書。

第一型人

【深層恐懼】不能犯錯。

【行為動機】堅持去改正你認定的錯誤。

【內心獨白】「事情不應該這樣做；要是換成我來做，我一定可以做得
更好！」

【行事作風】我應該以正確的方式去做事情。

【人格死穴】憤怒──總是忍不住想批評。

你是有原則、有使命感、自制力強、追求完美、卻忍不住愛批評的人。你具有崇高的道德標準，願意投入時間、精力、與熱情，努力去完成你認為應該去做的事；那通常是一件，你自認能為社會大眾帶來福祉的事情。你非常堅守自己的原則，希望自己能保持理性、公平、客觀、沒有偏見的立場，甚至願意犧牲小我以謀求更大的福利。

當性格健康度一般時

你容易對現況感到不滿意。除了嚴格的批評之外，你會想去改正看不順眼的事，希望把事情變成認為「應該要是那樣」的狀況。你覺得自己有責任去指正錯誤、爭辯出是非對錯、甚至挺身而出去維持某種「高貴的」價值或「正確的」標準。你是實際的行動派，希望自己是對社會有貢獻的人。常常想要衡量自己進步的程度，做任何事情都強調要有意義。

當性格健康度嚴重下滑時

你會變得缺乏耐心、非常沒有彈性。不容許例外，也絕不妥協。你覺得其他人都很懶散、缺乏自我要求，害得你不得不幫他們收拾善後。並認為只要堅持自己的理想就是正確的，而不問自己的所作所為是否真的實踐了理想，還是早已與理想背道而馳？

第二型人

【深層恐懼】不能自私。

【行為動機】堅持先去幫助你認為需要幫助的人。

【內心獨白】「我真高興我們這樣親近，看看我為你做了多少事！」

【行事作風】我不重要，別人的困難要先解決。

【人格死穴】驕傲——總覺得別人比較可憐。

你是具有同情心、容易真情流露、大方體貼、十分在意他人感受的人。你很能設身處地為他人著想，並且非常關心他人的需要。你有一顆真誠溫暖、常懷感恩的心，常想著：「只要是好事，就該去做；

不管誰得到好處都沒關係，只要有人受惠就好。」你很容易看見他人的優點，但是，卻常常忽略了自己也有同樣美好的特質。

當性格健康度一般時

你可能會因為太想要擁抱人群，潛意識下會不由自主地想取悅他人。你會表現得非常友善，送貼心小禮物、聊私密消息，甚至過度地感情豐沛，只為了想要贏得更多的朋友。非常熱心且積極地想要幫助別人，只是，有時候那些需要是你自己創造出來的，並非他人真正需要幫忙的地方。

當性格健康度嚴重下滑時

你會因為長期無怨無悔的付出而感嘆被利用。因為害怕失去他人，所以，堅持自己所做的一切都是為了他人好，在「愛」的名義下，動輒干涉別人的生活，任意的批評與抱怨。事實上，你的內心隱藏著對別人強烈的不滿與怨氣。

第三型人

【深層恐懼】不能丟臉。

【行為動機】堅持要贏得大家的肯定。

【內心獨白】「看看我，我真的很棒！」

【行事作風】成功才值得慶賀。

【人格死穴】欺騙──總是忍不住想誇耀。

你是適應力高、表現突出、好勝心強、而且十分在意自我形象的人。對自己很有信心，尤其喜歡自己所營造出來的專業形象：積極、

充滿幹勁、迷人、對異性有吸引力，而且廣受大家歡迎。別人肯定與羨慕的眼光，讓你感到愉快，而你也會想辦法表現出別人心中的價值模範做為回饋。你認為，想要成功就必須心無旁騖地往目標前進；對你而言，結果比過程更重要。對目標異常專注的你，很擅長激勵他人。

當性格健康度一般時

「成功」是你從事所有活動的動力，甚至交友時，你也會把朋友的「潛力」考慮進去。你對結交新朋友是相當熱衷的。但是，你不會花時間在「無關成功」、或「無法展現成果」的事情上。許多第三型人雖然有成功的事業，但是他們卻不樂在工作，因為，他們並不是在做自己真正想做的事情。只是，他們往往也不知道自己到底想做什麼，甚至，自我催眠地深信眼前的一切確實是自己想要的。

當性格健康度嚴重下滑時

此時的你會很害怕丟臉，因此，利用別人成為不得已的手段。只要這段關係還有利用價值就會維持下去。你雖然很想贏過別人，但又礙於形象不能被識破，這時，你很可能成為耍陰險的雙面人。尤其看到別人獲得了你想要的東西，你會妒火中燒。

第四型人

【深層恐懼】不能一樣。

【行為動機】堅持要有自己的風格。

【內心獨白】「大家都不瞭解我！」

【行事作風】我就是和你們不一樣。

【人格死穴】嫉妒——總是只看到別人有而自己沒有的一面。

　　你是感情豐富、希望能表達自我、充滿激情、自戀又神祕的人。你對自己或他人都十分敏感，待人具有同理心、圓滑的、細膩的、又很懂得尊重他人。你不會掩飾自己的快樂與感情，也不隱藏難堪的軟弱與恐懼；你喜歡誠實地面對自己與別人，也喜歡別人對你坦誠。你樂於見到別人和你一樣擁有想要的生活。

當性格健康度一般時

　　你喜歡營造出一種氣氛或一個環境，然後讓自己沉浸其中。不管是痛苦或浪漫的氛圍，只為了增強你的自我意識；同時，藉著所塑造的情境來向外界表達自我。你最常透過美的事物來傳達自己的感情。傾向被那些能帶給你強烈感覺的人所吸引；你很容易迷戀別人，但是，別人不見得能感受得到你的感情，因為，很多時候，你的感情只是你單方面的想像，而非兩人真實互動的結果。

當性格健康度嚴重下滑時

　　你不允許任何人或事來破壞你編織出來的美夢。同時，你會愈來愈依賴生活中某幾位特定的人，因為，只有與他們互動時，你才有繼續做夢的能力與感覺。只是，當美夢被戳破時，懊惱又悔恨的你，會躲回到內心的角落，選擇與外界隔絕。

第五型人

【行為動機】不能沒用。

【性格盲點】堅持要比別人懂得更多。

【內心獨白】「我要的不多，我只希望不要被打擾。」

【行事作風】懂的愈多，我愈安全。

【人格死穴】貪婪──總覺得別人在瓜分自己的力量。

你是敏銳的、講究創新的、低調的、喜歡獨處的人。觀察力一流，非常富有實驗的精神，遇到有興趣的事物，會追根究柢地學習到透徹。很像神話中擁有智慧與洞察力的先知，具有看穿事物、預知未來的本領。你傾向抱持開放的胸襟去觀看萬事萬物，這使得你能夠看到一般人所看不到的細節，並能努力不懈地去挖掘真相，甚至發展出創新的思潮。

當性格健康度一般時

你樂於做一位旁觀者，尤其自認尚未做好萬全的準備前，你不會輕易地行動，或公開發表自己的想法。你會花很多時間觀察與思考，並將結果與過去的經驗相連結，然後發展出一套自己的邏輯理論，並將所有的問題都以這套理論來解答。逐漸地，你不再客觀的觀察環境，而是一看到事情，便以你的邏輯來解釋推論。

當性格健康度嚴重下滑時

你會將自己隔絕於人群之外。當他人質疑你的想法時，你會惱羞成怒、並且強烈地攻擊對方。事實上，性格不健康的第五型人會有一種想要推翻他人信念的衝動。由於你喜歡把不相干的事情連在一起，

而絕對相信自己的推論，因此，你不知不覺中扭曲了現實，並且對一切事物充滿恐懼。

第六型人

【行為動機】不能無備。

【性格盲點】堅持要確定一切安全無虞。

【內心獨白】「是的……不過……你覺得呢？」

【行事作風】這一步先確定好，才能進行下一步。

【人格死穴】恐懼——總覺得有問題會發生。

你是重視責任感與事前準備、心思縝密、卻也容易焦慮的人。你很懂得如何激發別人的情緒。對待朋友，你相當熱誠、友善、有趣、而且願意迎合他人。當你因為自信而感到安全時，你對他人的情感波動很能感同身受，同時，善良的你更樂意幫助他人穩定情緒。

當性格健康度一般時

你天生好質疑與懷疑自我能力的性格，會讓你不得不向外尋找支援。你會花時間去建立某種人際關係、或依附在某種體系下，只要對方能給足夠的安全感。這個階段的你其實並不獨立，但是，也不想獨立。你的猶豫不決，並不是因為意志薄弱或毫無主見，你只是因為害怕失去支援，所以想依附在某種力量之下；但是，又害怕失去自我，所以，內心強迫自己要獨立。就在這樣的反覆掙扎中，讓你沒有精力去學習相信自己。

當性格健康度嚴重下滑時

恐懼主導一切，你活在強烈的不安全感之中。你會悔恨自己的衝動與不夠堅持。此時的你覺得事事都是危機，看不見自己的力量，因為，早已放棄了「靠自己」的念頭，甚至想透過不斷的抱怨或示弱，希望引起他人善意的關懷或協助。

第七型人

【深層恐懼】不能受限。

【行為動機】堅持先去做自己有興趣的事情。

【內心獨白】「我不想錯過任何有趣的事物！」

【行事作風】哪裡好玩就往哪裡去。

【人格死穴】貪心——總覺得有更好的會出現。

你是懂得把握當下、多才多藝、喜歡參與各種新奇活動、卻不喜歡做細節規畫的人。樂觀、充滿活力與朝氣，你總能輕易地為聚會帶來歡樂的氣氛。你絕不會因受挫而長久待在陰暗的角落，積極的你，常常能在每個人生經驗中看到美好的一面，即使在逆境，也能以正向的心去面對。

當性格健康度一般時

你會馬不停蹄地想去體驗人生、或挖掘更多的可能性。你很努力地去吸取生活各層面的知識，追求感官的享受。你無法拒絕任何有趣的活動，這讓你有限的時間更加支離破碎；同時，每一項活動都很難堅持下去，三分鐘熱度成為你專業養成的致命傷。你認為每一件事情

應該是好玩的，一旦發現不是如此，你馬上會失去興趣，轉頭離開。

當性格健康度嚴重下滑時

你會變得非常難滿足，再有趣的事情，很快就會變得索然無味。寧願放縱自己，也不願意忍受一分鐘的焦慮。這時的你就像被父母寵壞的孩子，只要稍不順心便大發脾氣或任性而為，只要焦慮能夠得到安撫，他人的感受你完全不在乎。

第八型人

【深層恐懼】不能被欺。

【行為動機】堅持一切要在你的掌控之中。

【內心獨白】「我相信我能做到！你最好不要惹到我。」

【行事作風】只要堅持到底，別人終究會退讓。

【人格死穴】欲望──貪婪是一件好事。

你是充滿自信、果決、堅持己見、並不惜與現實對抗的人。你勇於接受挑戰，並且樂在其中。完成別人無法完成的事情，並且帶給你無窮的滿足感與強壯感。當你覺得自主權受到威脅時，你會變得更自信、更強硬、更固執，以對抗外在環境。你不像其他性格類型的人會懷疑自己的能力，相反地，你有把握做好任何決心想做的事情，並以自己想要的方式去進行。你克服的困難愈多，你的信心就愈強。

當性格健康度一般時

你會更想讓大家知道自己重要性。你喜歡扮演強者的角色，即使內心也有柔軟的一面。你認為這是一個自由競爭的世界，追求自身的

利益是理所當然。所以，你很少講求合作精神，任何人只要對自己有貢獻，才有被重視的價值。你始終相信，不管遭遇何種狀況，堅持自己的想法是絕對必要的。

當性格健康度嚴重下滑時

周圍的人因為受不了你的獨裁，可能會群起反擊。而你會覺得大家都背叛了你，但是，你又不能低頭認輸，此時，你很可能會以更現實而且激烈的手段去反制。此時的你經不起任何的挑釁，脾氣火爆而且不可預測，凡事只想到以武力來解決。

第九型人

【深層恐懼】不能孤立。

【行為動機】堅持不要有衝突。

【內心獨白】「你覺得好就好，我又能說什麼？」

【行事作風】以不變應萬變。

【人格死穴】怠惰──總是想逃避麻煩。

你是包容性強、讓人覺得可靠的、令人感到愉快的、而且自得的人。你不僅脾氣好，也不會給人壓力或批評。心胸開闊、耐心佳、隨和好相處的你，常常能讓身邊的人感到穩定和自在。由於天生愛好和平，讓你很適合當調停者。你不僅有安撫他人情緒的天賦，同時，也能感同身受地瞭解他人的心情、體諒不同的觀點，並能找到衝突兩端的共同點，化解紛爭。

當性格健康度一般時

你開始專注在自己與他人的關係上。由於想避免與人衝突,你選擇放棄自己的立場,順應他人的想法。遇到棘手的狀況時,你很少願意花精神去思考、也不想操心擔憂,你總是這樣安慰自己:「算了吧!別再為這事煩惱了!」你將自己置於「安全範圍」內,什麼也不去改變,以維護自己內心的平靜。

當性格健康度嚴重下滑時

沮喪與焦慮淹沒原本安逸自得的你,但是,你還是不願意做任何改變、或努力去解決問題。相反地,你會對那些強迫你採取行動的人感到非常生氣。因此,你決定採取消極的抵抗,甚至寧願讓自己的生活或心靈保持空白,頑強地抵抗會打擾你內心平靜的一切事物。

Ⅲ 找出同事的人格類型

胡氏九型─兩題快速題測 (2)

想要一次就鎖定同事或部屬的性格類型並不容易，除非你的觀察特別敏銳或對方的性格特質相當明顯。因此，不妨先利用兩題題測刪除「絕對不是他」的性格類型，然後再持續觀察對方。

請選擇一個，與他的工作風格最接近的描述：

自信積極、企圖心旺盛、精力充沛、喜歡指揮別人、不畏懼挑戰、不介意體制外運作。對自己的能力有誇大的傾向，會主動爭取報酬或談條件。	勤奮工作、奉公守法、嚴謹認真、注意細節、強調責任與義務。不喜歡主動邀功，但會忍不住抱怨，有了好的表現才敢去談報酬。	行事低調、安靜內斂、不想被注意。看似合群，但大家並不真的知道他在做什麼。若是自己的努力沒被老闆注意，會暗自鬱卒或打算另謀明主。
↓	↓	↓

注重儀表包裝、不喜歡默默無聞或與人正面衝突,強調有效率與成功者的形象,是團體中的金童玉女。

（第三型人）
適應力強、重效率與野心的一群

重原則與操守、不喜歡亂無章法,凡事強調正當性,堅持用正確的方法去做事與生活,是團體中的童子軍。

（第一型人）
強調理性與秩序的一群

敏感浪漫、不喜歡沒有個人特色,希望透過美的事物來表達自己,是團體中真性情、但卻愛生悶氣。

（第四型人）
追求自我表達、有藝術氣息的一群

or　　　　　　or　　　　　　or

樂觀外向、點子多多,不喜歡刻板氣氛或受限制,容易衝動行事,勇於嘗試新鮮事物,是團體中的滑溜人物。

（第七型人）
才智過人、興趣廣泛、開朗自信的一群

開朗活潑、特重人際關係,樂於助人,有時容易熱心過頭。能夠很快與人推心置腹,是團體中的啦啦隊長。

（第二型人）
善做人際關係的一群

不喜依賴別人。除非是他感興趣的話題,不然他通常只是安靜地觀察大家。常為團體帶來不同的觀點。

（第五型人）
有洞察力、言論具煽動力的一群

or　　　　　　or　　　　　　or

直來直往、不怕挑起爭鬥,不喜歡軟弱、難免獨斷固執,喜歡畫清權力階級,是團體中的難纏份子。

（第八型人）
追求權力、決斷力超強的一群

容易緊張、不喜歡突出。凡事想很多,遇事比較猶豫不決,希望能做好充分的應變準備,對團體很有向心力。

（第六型人）
工作投入、謹慎小心、喜歡營造團隊氣氛的一群

不喜歡衝突緊張,謙虛低調,是團體中的好好先生、小姐。人緣不錯,但是遇事容易拖延。

（第九型人）
平易近人、配合度高的一群

九型同事速寫

第一型──堅持理想與原則的一群

【團隊角色】糾察隊

【外在特徵】衣著整潔、表情嚴肅、臉部線條剛硬

【口 頭 禪】「這是誰負責的?」、「你這樣做錯了!」、「沒有60
分的空間,只有100分才能生存!」

　　第一型人是講秩序與原則的理想主義者。他們正直而有道德感,
具有強烈的是非批判精神,總是積極的想改善他們認為不正確的事
情。

　　第一型人希望根據自己的理想來改變環境中覺得不夠好的事物,
從家人折報紙的方式、或社區中的大小事、甚至到國家政策或世界議
題,他們都非常有自己的見解與立場,深怕犯錯,做事要求組織化而
且有條不紊。因為凡事要求正確無誤,因此對別人的表現很難感到滿
意。

　　第一型人對人事物有很高的標準,容易變得吹毛求疵、甚至是嚴
苛的完美主義。當別人的表現不如他們的預期,會變得易怒而且沒有
耐心。他們自以為知道事情應該怎麼做,自覺有責任去教育沒有學問
的人,有使命去拯救誤入歧途的羔羊。

第二型人——充滿愛心的一群

【團隊角色】救火隊

【外在特徵】笑臉迎人、老闆的心腹、馬屁精

【口　頭　禪】「嗨，最近好嗎？」、「如果有需要幫忙的地方就跟我
　　　　　　　說！不要客氣！」

　　第二型人是人群擁抱者。他們具有人溺己溺的精神，心地善良誠
懇，態度友善大方，而且願意為別人犧牲。第二型人對於別人的需要
相當敏感，甚至別人都還沒有開口要求，已經體貼地為對方打點好一
切。

　　然而，第二型人同時也是敏感的、想要討好別人的；他們喜歡
「被需要」的感覺。他們卻往往忽視、甚至壓抑自己的需要與感受。

　　由於自己總是貼心地為別人著想，第二型人以為別人也會如此一
般地為他們著想，一旦別人並沒有如第二型人預期中的「回報」時，
第二型人常常會因為失望而對自己的付出感到不值，甚至覺得別人都
是自私自利的小人。

第三型人——追求專注與表現的一群

【團隊角色】大明星

【外在特徵】自信、口才好、架勢十足、風度從容

【口 頭 禪】「我們的目標是什麼？」、「你這麼做的目的是什
麼？」、「我認識某位有力人士，我幫你搞定！」

　　第三型人是形象的魔術師。他們希望給別人一個好印象，不管這
個印象是否反映了真實的自己，只要有掌聲，就代表自己的表現有價
值。第三型人常常是令母親驕傲的小孩，他們從小被灌輸的觀念是：
「只要你願意，可以完成任何事。」這對小孩是一種極佳的鼓勵，但
是，同時也是一種詛咒，因為，他們從此便緊靠著這個理念長大。

　　母親的讚賞，使第三型人覺得自己很重要；長大後，他們轉向從
別人眼中追求讚賞。在所有的性格類型中，第三型人是最能夠感受到
自己的優點、並且樂於表現出來以喚起別人的注意。而別人也常常被
第三型人所吸引，因為，他們往往是團體中最具外表吸引力的漂亮人
兒。

　　眾人肯定的眼光讓第三型人感覺很愉快，因此，他們也會想辦法
竭力表現出別人心中的期待或嚮往的模範做為回饋。

第四型人──熱衷探究自我的一群

【團隊角色】藝術家

【外在特徵】個人風格、纖細、欲言又止、害羞

【口　頭　禪】「你知道那種感覺嗎？」、「這公司裡面沒人瞭解我的感覺。」、「我現在沒有心情跟你談！」

第四型人是「說故事冠軍」。他們富有極佳的創作力，浪漫又具有細膩的感受力。他們的自我意識超強、敏感而安靜、又帶點神祕的氣質。同時，他們也是忠於感覺、擁有個人特色、並相當情緒化的人。

第四型人自認與眾不同，但是也自認擁有別人沒有的缺點與不足。所以，他們因為怕受傷害或自覺不夠完美而與人保持距離。第四型人追求自己的獨特性，有一點輕蔑世俗生活的心態，不喜歡過著平凡的生活。他們通常有自我放縱是或自憐的傾向，期待有人能夠將他們從過去的痛苦中拯救出來。

而人格發展比較健康的第四型人是非常有創造力與充滿靈感的人，可以時時創新、重塑自我，並且能夠成功地將善變的情緒與波動的人生經驗，轉換成美麗動人的藝術作品。

第五型人──擅長推理思考的一群

【團隊角色】智囊團
【外在特徵】蒼白、瘦、在角落、距離感、雙手後背或插口袋、面無表
　　　　　情且語多停頓
【口　頭　禪】「等一下，讓我想清楚……」、「我還要再思考看
　　　　　看！」、「反正說了你也不會懂！」

　　第五型人是天生的好奇寶寶。他們熱愛腦力開發、機警又具有洞
察力。能夠專注研究複雜的概念或技術，獨立追求創新的想法與事
物。容易沉溺在自己有興趣的世界中，因此，在別人的眼裡，他們常
常是不與人親近、古怪、喜歡事事質疑的人。

　　第五型人是「嘲笑外在世界、但是內心裡極度焦慮的一群」，然
而，一般人是不容易看出第五型人的情緒，因為，他們不輕易表現出
內心的感覺。由於第五型人認為自己沒有足夠的能力保護自己，所
以，他們向內退縮，並且，竭盡所能的想抓住任何可用的資源。在他
們眼中，物質不是必要的、甚至是可以捨棄的；時間、精力與知識才
是最重要的資源。

　　第五型人認為自己擁有的很有限，若是別人對他們有所期待或要
求，這會令他們感到壓力，害怕自己變得精疲力竭。所以，他們盡量
不與別人產生情緒或感情上的連結，如此，他們便不會受人打擾，可
以獨立自主地專注在自己有興趣的領域中。

第六型人──友善可愛的一群

【團隊角色】危機專家
【外在特徵】皺眉、猶疑詞多、講話矛盾、懷疑
【口 頭 禪】「你覺得呢？」、「你的想法不錯，可是……」、「各有
　　　　　　各的考量點，我再想想……」

　　第六型人是矛盾的混合體。杞人憂天的他們總是小心翼翼的生活；喜歡依附權威、但是每隔一段時間又會出現反權威的態度。第六型人害怕缺乏支持，因此他們容易對自己失去信心。遇到需要決策的事情，會一一詢問身旁的人，但是最終還是很難下決定。

　　第六型人願意付出努力與承諾以換取安全感，他們是值得託付任務、努力工作、有責任感的人；但是，同時也是自我防禦性強、難以捉摸，而且容易焦慮不安的人。

　　第六型人很容易反彈，從一個心理階段快速轉移到另一個心理階段，而這兩者通常互為兩極。第六型人常常也因為自己的反覆無常而感到困惑與挫折，可能這一刻表現得具有決斷力並且自我肯定，但是下一刻卻又猶豫不決並且膽小怯懦；可能這一會兒可愛而迷人，過一會兒卻變得暴躁任性。

第七型人——愛玩又會搞笑的一群

【團隊角色】開心果

【外在特徵】講話快、沒耐性抖腳或坐立難安、聲音表情多且誇張、戲劇化

【口　頭　禪】「我又有一個新的想法！」、「一點都不有趣！」、「好無聊！」

第七型人是「成人過動兒」。他們是忙碌的高產能者，一有點子便想著要如何擴大並且完成它。多才多藝、樂觀主義、隨心所欲，第七型人愛玩樂、容易亢奮、卻也非常實際。

但是，當性格趨向不健康時，他們則可能是過度的、鬆散的、缺乏自我控制力的。第七型人不斷在尋找新的刺激與經驗，只是，最後很容易半途而廢或因此精疲力竭。他們可能什麼都會一點，但是什麼都不精通；他們最大的問題就是太看表面、容易衝動。

只要是第七型人有興趣的事情，他便不會錯過。當他和你在咖啡館裡聊天時，可能只有一隻耳朵在聽你說話，因為他會忍不住聽聽隔壁桌正在討論什麼話題。而許多航空公司促銷機票的專案，多加一點錢可以多在某個城市停留。這種促銷方式對第七型人來說，簡直是天堂！因為大部分的第七型人都很喜歡旅行。

第八型人──勇敢又堅定的一群

【團隊角色】老大
【外在特徵】聲音宏亮、體積紮實、豪氣
【口　頭　禪】「我說了算！」、「我要更大的格局！」、「這一點都不
　　　　　　　夠力、不刺激！」

　　第八型人是天生的領袖，他們是野心勃勃、企圖重整環境的領導者。他們相當有自信、強硬、果斷、充滿遠見與行動力。第八型人喜歡鋤強扶弱，但是若有人強迫他們去行善，他們會抵死不從，因為，他們痛恨聽命於人。

　　第八型人是九種人格當中最喜歡帶頭接受挑戰、並且持續努力超越自我的人。他們喜歡行使自己的力量去控制環境，像一位國王般建造屬於自己的「王國」，並全力捍衛子民。同時，他們會將自己的意志貫徹到周圍的每個人身上，好讓自己的理想得以實現。

　　對第八型人來說，權力最重要，因為那代表他們有能力保護自己免於受到傷害。他們不見得會很有錢（雖然他們通常有點錢，因為錢能帶來獨立自主），也不見得一定都發展跨國大企業（不過，他們通常都很有做生意的頭腦），但是，在他們的領域裡（工作或家庭），一定要是那個掌控一切的人。

第九型人——寬容又善良的一群

【團隊角色】不沾鍋
【外在特徵】慢、慵懶、不太持相反意見、容易放空發呆
【口 頭 禪】「船到橋頭自然直！」、「好啊！我再想想看！」、「我
　　　　　一直都是這樣做……」

　　第九型人是「永遠不沾鍋的好好先生」。他們是寬容、值得信
賴、而且沉著穩定。似乎天生好脾氣、沒有意見、對別人都相當支
持。第九型人常常為了保持平和而放棄自己的想法。他們不希望生活
裡有衝突，雖然盡量減低不愉快，但是卻容易變得不願意正視問題。
他們通常很被動、又固執。

　　一般第九人雖然很樂意順應別人，但是，又希望自己的「主權完
整」。在這樣的衝突下，他們有不為人知的「不爽」情緒，壓抑久
了，總有一天會如火山爆發。問題是，當這種情況發生時，第九型人
的性格發展可能已經逐漸走向不健康，他們會變得更退縮、更逃避現
實。

　　他們在心裡寄望「奇蹟」發生，幻想一切事情都將迎刃而解。但
是，如果缺乏實際的努力，第九型人只會更被動，甚至活在自己想像
中的「沒問題世界」裡。

九型人格

interpersonal intel

溝通篇

I 人格特質是有效溝通的關鍵

> 我覺得我有義務要提醒大家,即使被大家討厭也無所謂。這個計畫要修正的部分太多了:第一點……,第二點……

年度計畫

第一型性格

第一型人的求好心切與自認為自己才是對的,很容易被解讀成「愛批評」、「吹毛求疵」。但是,第一型人往往覺得自己的發言已經很節制了。

第二型性格

第二型人的主動關心別人與自認為是為別人好，很容易被解讀成「逢迎拍馬屁」、「過度干涉別人」。但是，第二型人往往覺得是別人「狗咬呂洞賓，不識好人心」。

第三型
性格

第三型人的追求成功與自認為應變能力
強，很容易被解讀成「愛表現」、「虛
偽」。但是，第三型人往往覺得是別人在
嫉妒他。

第四型
性格

第四型人的感情豐富與自認為在忠於自我，很容易被解讀成「多愁善感」、「自我中心」。但是，第四型人往往覺得是別人誤解或不懂他。

**第五型
性格**

第五型人的愛好獨處與自認為謙虛少言，
很容易被解讀成「自閉」、「自我優越
感」。但是，第五型人往往覺得是別人不
懂得人際尊重。

第六型性格

第六型人的高危機感與自認為謹慎小心，很容易被解讀成「杞人憂天」、「故意找問題」。但是，第六型人往往覺得自己已經盡量往正面思考了。

第七型
性格

第七型人的創造力與自認為很有彈性，很容易被解讀成「天馬行空」、「混水摸魚」。但是，第七型人往往覺得是別人不夠聰明所以不懂得變通。

第八型
性格

第八型人的堅強意志力與自認為爽朗豪氣，很容易被解讀成「獨斷獨行」、「愛攻擊別人」。但是，第八型人往往覺得自己已經很收斂了。

第九型性格

第九型人的隨遇而安與自認為以和為貴，很容易被解讀成「缺乏鬥志」、「沒有意見」。但是，第九型人往往覺得是別人忽略了他的心聲。

問題出在誰身上？

（1）主觀認定

　　相信大家都有過類似的經驗，那就是花了很多時間與力氣、「**自以為說得很清楚**」的去解釋某件事情後，而對方竟然誤解你的意思，或「**對方扯出其他不相關**」的問題。

　　當溝通出現障礙時，錯不在你，也不在對方，而是出在「**自以為說得很清楚**」與「**對方扯出其他不相關**」這兩個陷阱上。發現了嗎？這兩個陷阱都是你的主觀認定，而人格正是造成主觀的關鍵因素。同樣的，當對方在聆聽你的說法時，他也落入「**自以為聽得很清楚**」與「**你說的只是其他不相關**」這兩個陷阱上。因為，他的人格特質也在發揮影響力。

　　人們往往只願意聽見自己想聽的，對於不想聽的，就會下意識的將其歸類在「**其他不相關**」。因此，想要做有效的溝通，一定要先認識自我人格特質，同時，若是能瞭解對方的人格特質，更是加分。

　　人格特質是我們自小從日常生活經驗的累積，是我們應付外在環境變化的一種公式。九種人格類型正是九種對應公式，也是九種主觀認定。比方說，第一型人從小學習到最重要的事情是 ──「有錯就要馬上修正，不然結果會很慘。」因此，長大之後，第一型人對於「錯誤」相當敏感，對於「誰來負責」更是在意。所以，當有人犯了錯，第一型人很難坐視不管，因為，他內心裡不斷有一個驅力要他去做修正。

然而，當第一型人以「錯誤」與「誰來負責」這兩個標準來陳述他的意見時，對方因為不是第一型人，不會自然反射的對應到這兩個標準，而是對應到對方自己的人格特質在意的事。因此，溝通的障礙就發生了。

（2）非語言的力量

當你在說話時，對方接收到的不只是你的話，同時還接收到你的臉部表情、聲音表情、以及肢體表情！這三種表情可以統稱為「非語言的訊息」，而人格特質與「非語言的訊息」更是關連密切！

一個性格不拘小節的人，比較不會壓抑非語言表情，大剌剌的肢體動作甚至會強化了說話的力道。而一個思考細膩的人，說話的節奏自然受到思維運作的影響，甚至語氣多有停頓：「嗯……這個……」。

說者面		聽者面
主觀認定—只說他在乎的	+ 非語言訊息	主觀認定—只聽見他想聽的，包括非語言的暗示

根據調查，溝通時，人們接收到的訊息有80％來自你的「非語言訊息」，只有20％（甚至更少）來自你到底說了什麼。所以，許多職場溝通專家總是強調，想說什麼是其次，最重要的是如何說。然而，在我們熟練各種溝通心法之前，最基本的，應該先克服人格特質帶來的溝通障礙。

Ⅱ 九種溝通模式

第一型人：說教式溝通

　　第一型人習慣以「上對下」的方式與別人溝通，也就是「大人教小孩」的口吻，因為，第一型人傾向在人際關係裡扮演「父親」或「指導者」的角色。

　　從小，第一型人總覺得父母對自己的表現並不滿意，所以，自己應該要做得更好以免被父母責罵。或父母對第一型人的要求過高，讓他必須不斷鞭策自己以符合父母的期待。自己的想法、感覺與感受並不值得被鼓勵，達到父母的要求才是最重要的事。

　　因此，長大後的第一型人自我要求相當高，同時，他也認定別人應該和他一樣自律負責。他最受不了因為個人的缺失造成團體的困擾。所以，凡事講求標準與原則的第一型人總是不自主的想要告訴別人事情應該怎麼做。只是，第一型人並不是具有耐性的人格；同時，當別人不接受第一型人的建議時，第一型人會非常挫折，甚至感到憤怒，因為，他擔心他得花更多的時間去補救別人的錯誤與懶散。

▶ 對話實境

第一型與第七型兩個同事一起代表公司要去參加一場重要會議，臨行前，第一型人赫然發現第七型人穿著襯衫卻沒有打領帶。

第一型人「**擔心的**」直接反應：「你沒有打領帶？」

自我慣了的第七型人因為第一型的質問而有點不爽：「怎麼了？有關係嗎？」

第一型人察覺到第七型人的不高興，立刻想要「**認真的**」解釋清楚：「我們是代表公司去的，你需要打個領帶看起來才算正式。我是在幫你！」

第七型人聳聳肩走了，而第一型人被第七型人的不以為然給激怒了，但是開會在即，只好又把怒火壓抑下去。此次不愉快的經驗，很可能造成下次溝通的障礙。

第一型人在溝通上容易出現的障礙

（1）當第一型是說者面的障礙

【主觀認定】每個人都應該努力不懈的追求最完美的成果。

【非語言訊息】嚴肅的表情、僵直的背脊、不耐煩的語氣。

第一型人的原罪是憤怒。其實，憤怒本身只是一種情緒反應，適度的發洩有益身心健康。然而，第一型人不願意接受自己也會生氣失控的事實。因為，對第一型人來說，發脾氣是幼稚的，理性解決問題才是成熟的。因此常壓抑怒氣，只要一點的錯誤或不滿意就會勾起心中潛藏已久的憤怒，這個情況會讓第一型人感到焦慮。

而第一型人抒解焦慮的方式之一就是想辦法找出錯誤。只是，當以又快又急的焦慮口氣說話時，就很容易讓別人有被批評的感覺了。

（2）當第一型是聽者面的障礙

【主觀認定】我相信我是對的。

【非語言訊息】把別人輕鬆的態度看成是輕浮或隨便的表現。

　　第一型人希望凡事都要做得完美，一次比一次更好。無法完美的焦慮讓第一型人聽不進別人的意見，甚至把不同的聲音解讀成反對自己的聲浪。這時，如果對方又表現出一副「你說你的、我做我的」之態度時，第一型人會更認定對方是不成熟的，並且更堅信自己才是正確的，別人的意見都是不合理的批評，別人的解釋全是偷懶的藉口。

第二型人：迂迴式溝通

第二型人習慣以「母親關心孩子」的方式與別人溝通，也就是充滿關懷的萬般叮嚀。因為，第二型人傾向在人際關係裡扮演「母親」或「照顧者」的角色。

從小，第二型人總覺得父母親很辛苦，所以，自己應該要主動分擔父母的辛勞與壓力。或特別想取悅父母，因為高興的父母會給第二型人需要的注意力或滿足願望。總之，第二型人從小學習到的是：「自己的需要最好不要直接說出來，只要先讓別人開心，我的需要最後終將被滿足。」

因此，長大後的第二型人對於別人的需要特別敏感，同時，他也認定別人應該和他一樣會注意到他的需要。第二型人最受不了別人不接受他的好意或忽略了他的需要，因為，那意味著對方對他感到不滿意。所以，第二型人總是不自主的想確認別人是否仍然喜歡他，他會不斷的釋出善意，期盼獲得別人善意的回應。

▶ 對話實境

第二型與第五型兩個同事在開會時有歧見，雖然沒有爭吵，但是，第五型沒有笑容的表情讓第二型人深感不安。下班前，第二型人決定打電話給第五型人表示關心與善意。

第二型人「溫暖的」問：「希望早上開會時沒有讓你不舒服。」

不擅長回應情緒的第五型人因為第二型人突如其來的私人電話而有點不安：「不會。」

第二型人察覺到第五型人的反應冷淡，立刻想要「更取悅」對方：「你還好嗎？要不要下班後一起吃個飯？」

第五型人覺得有點莫名其妙：「嗯……不用吧？」

第五型人疑惑的掛上電話，而第二型人被第五型人的冷淡給激怒了，感覺到自己的好意被人當西北風。此次不愉快的經驗，很可能造成下次溝通的障礙。

第二型人在溝通上容易出現的障礙

（1）說者面的障礙

【主觀認定】每個人都應該能體會我的出發點是善意的。

【非語言訊息】充滿笑意、主動與人靠近、溫柔與強勢交替出現的語氣。

第二型人的原罪是驕傲，因為，在他熱心付出的背後，隱藏著「你比較需要幫忙，我還是先來幫助你吧！」的動機。所以，許多人在面對第二型人的付出時會感到強大的壓力，一方面感覺到第二型人「施恩」的態度，一方面也發覺到第二型人其實是等待回報的。

然而，當別人表現出不同意或不接受的態度時，第二型人會因為自己的善意被忽略或被誤解而感到委屈憤怒，但是，這股憤怒又不能夠直接表現出來，因為這會破壞了第二型人的好人形象，所以，第二

型人只好四處訴苦。

（2）聽者面的障礙

【主觀認定】我要先確認我們對彼此是否仍然有好感。

【非語言訊息】把別人冷淡的態度看成是討厭自己的暗示。

第二型人希望與別人保持良好的互聯網，而他是這張網的樞鈕人物；他喜歡當他發出某個訊號時，獲得熱烈回應的感覺。因此，當從別人身上得不到他想要的回應時，例如：贊成、感激或讚美，第二型人會不安的想要更確定對方究竟有沒有「接收」到他的善意訊息。此時，第二型人會更熱心更強勢的伸出援手，而旁人也會更認為第二型人過度干涉別人的事務。

第三型人：目標式溝通

第三型人習慣用「做簡報」的方式與別人溝通，也就是不太喜歡閒話家常，說得精準才夠漂亮。因為，第三型人傾向在人際關係裡扮演「優秀小孩」的角色。

從小，第三型人深深感受到父母對自己有很高的期望，所以，自己應該要滿足父母的期許。或家裡背景讓第三型人有自卑感，讓他特別想要出人頭地。自己的想法與喜好並不重要，去追求大家都在追求的事物才值得被肯定。

因此，長大後的第三型人的成就動機相當高，同時，他也認定別人應該和他一樣公事重於私事。他最受不了把私事帶進辦公室，或工作中被私人事務打斷。所以，希望出類拔萃的第三型人總是不自主的排除一切會影響工作的因素，包括自己與別人的情緒。當他面對與目前工作不相關的事物時，或對事物的未來沒有把握時，他會變得極度沒有耐心。

▌對話實境

第三型與第六型兩個同事正熱烈的討論企畫案，第六型人突然有感而發的提出一個私人問題，並且向第三型人請教意見。

第三型人雖然討厭工作中被打斷，但是仍然「禮貌性」的回應：「這個問題可能得另外找個時間來討論，因為不是三言兩語可以回答清楚的……」

感到焦慮的第六型人會不自主的喃喃自語：「好煩惱喔！怎麼辦？」

第三型人不耐的想要「迅速的」拉回主題：「我們可以先把這個企畫案解決嗎？」

第三型人不回應第六型人的焦慮，而第六型人則被第三型人的推託給激怒了，心想：「前一秒大家還有說有笑，怎麼這一秒就變得像是陌生人？」此次不愉快的經驗，很可能造成下次溝通的障礙。

第三型人在溝通上容易出現的障礙

（1）說者面的障礙

【主觀認定】每個人都應該把工作考量放在第一位。

【非語言訊息】高姿態、不想浪費時間、自信肯定的語氣。

第三型人的原罪是虛偽。那是因為注重效率與形象的第三型人總希望自己給別人的是一個完美印象——做人與做事皆成功。因此，平時的第三型人會盡力表現得友善體諒，可是一旦工作起來，第三型人就會變得缺乏同理心。這也是為什麼第三型人容易給人虛偽的感覺了。

而第三型人全部自信的來源就是及時又漂亮的達成任務。因此，當急著想完成工作的第三型人要求產值時，就很容易給人過度功利與沒有感情的印象。

（2）聽者面的障礙

【主觀認定】我不想花時間在能力比我差的人身上。

【非語言訊息】把別人的關懷或擔心看成是干擾他前進的雜音。

　　第三型人希望自己表現傑出，在眾多菁英中脫穎而出。無法成為第一名的焦慮讓第三型人看不得別人比他優秀；或會把別人「強度不夠的讚美」當作是對他的「不肯定」；或故意貶低對方。尤其如果對方沒有展現出自信的個人風采時，第三型人會更認定是對方的能力不夠，而不是自己做得不好。

第四型人：感覺式溝通

第四型人習慣用「自我告解」的方式與別人溝通，也就是以自我經驗為談話內容的範圍。所以，第四型人最常使用「我」、「我的」、「我曾經」……等字眼。因為，第四型人傾向在人際關係裡扮演「迷路小孩」的角色，他想要找到能夠理解他的感受的大人。

從小，第四型人總覺得父母並不瞭解自己，所以，自己應該要想辦法清楚的表達自我，讓父母理解他。或第四型人覺得家人的想法和自己都不一樣，找不到人可以分享感受，讓他特別容易感到孤單。

因此，長大後的第四型人很想要讓別人清楚瞭解他的意思，同時，他也認定別人應該和他一樣，也想要瞭解他的感受。所以，很希望與別人有共鳴的第四型人總是不自主的想要與別人分享他過去的經驗或感受。他認為以自我坦白的方式溝通，比較容易產生共鳴。只是，第四型人容易太專注於感受面的陳述，反而模糊了原本想要討論的焦點；同時，也可能勾起對方的自我分享而讓討論離題。不管是哪一種結果，因為都沒有談到第四型人原本想談的重點，造成他「我又被誤解了！」的錯覺。

▸ 對話實境

第四型想向第一型提出工作分配不均的意見，但是又不希望傷害同事情誼。於是，第四型想先以感性的方式表達很開心能與第一型共事。接著，再以自己過去類似的經驗來做引子。最後，希望第一型人能夠明白他的意思。

第四型人「誠懇的」說：「我想和你談一談關於工作分配的問題。我想先讓你知道，我真的很開心能與你一起工作。只是，我覺得工作內容可能需要再釐清。我在前一家公司也曾經有過類似的情況，而且還造成困擾，我希望那個不好的情況不會再發生，因為我真的很喜歡與你一起工作。」

習慣就事論事的第一型人馬上回應：「好，哪個部分你覺得有問題？」

由於第一型人沒有順著第四型人原本設定的「自己會明白工作內容需要釐清」，讓第四型人「尷尬的」不知道應該怎麼明白講：「ㄜ……」接著，第四型人又扯了自己另一次經驗。

第一型人不耐的：「有話請直接說！」

第四型人的欲言又止讓第一型人感到不安，因為，第一型人會擔心是不是自己哪裡沒有規畫好，所以讓第四型人挑到毛病。而需要被先同理感受的第四型人被第一型人「沒有體會到第四型人的心理轉折」給激怒了。此次不愉快的經驗，很可能造成下次溝通的障礙。

第四型在溝通上容易出現的障礙

（1）說者面的障礙

【主觀認定】每個人都應該要坦誠面對自己的感覺。

【非語言訊息】若有所思的表情、迷濛或憂鬱的眼神、刻意獨特優雅而顯得造作。

第四型人的原罪是嫉妒；嫉妒的另一層含意即是「太在意自己的缺陷」。第四型人過度注意自己不夠好、不被瞭解、不被接受等負面

的情緒上，間接衍伸出「別人比我幸運」的錯覺，造成「別人一定會拒絕我，因為我不夠好」的先入為主的觀念。因此，第四型人常常會暗中與別人做比較；同時，也會不斷思索對方的言行是否透露其內心真實的想法。只是，習慣「以自我為圓心」的思考邏輯，第四型人容易把所有負面訊息都解讀成針對他而來。

當第四型人感到被誤會時，他會一股腦的想把內心的轉折說透徹，也不管對方是否有興趣聽下去。因此，第四型人很容易給別人太情緒化的印象。

（2）聽者面的障礙

【主觀認定】我早知道你不會懂我的感覺。

【非語言訊息】因為別人沒有回應他的感覺而感到受傷。

第四型人希望別人能夠按照他想要的方式去理解他。比方說，當他想要友善的表達對某件事情的意見，會希望對方先回應他的善意，體會到他的「用心良苦」，然而慢慢理解到他的意見。這時，如果對方忽略了先回應第四型人的感受，第四型人會更認定對方在拒絕他，而感到受傷或被排斥。

第五型人：隱晦式溝通

第五型人習慣用「比擬或對比」的方式與別人溝通，他會先做鋪陳再提出論點。因為第五型人傾向在人際關係裡扮演「旁觀的小孩」的角色，他希望先釐清自己的想法或狀況，再視需要採取下一步。

從小，第五型人總覺得父母的情緒忽高忽低，所以，自己應該要察言觀色，免得受到波及。或父母對第五型人過度關心，讓第五型人只想不動聲色的逃跑。情緒是危險的，因為那會讓第五型人感到無法掌握，甚至有被淹沒的可能。

因此，長大後的第五型人相當重視個人空間與獨立性，同時，他也認定別人應該和他一樣不喜歡受到干擾。他最受不了別人突如其來的要求或侵擾。所以，凡事寧願自己來的第五型人總是不自主的保留與自己有關的資訊不分享，尤其是情緒與需要。但是，第五型人把情緒抽離出來的結果，很容易讓別人產生疏離感。尤其第五型人在陳述時很少加入自我感受或情緒，難免讓人覺得好像在和機器人對話一般的冰冷，同時有問才有答的互動也會讓人產生人際上的不舒服。

▶ 對話實境

第七型同事在做簡報，第五型同事直接指出問題點，讓準備不太充分的第七型人有點招架不住的窘態。為了化解尷尬，第七型故做幽默的想虧第五型⋯⋯

第七型人故意開玩笑說：「第五型同事你今天火力十足喔！是不是昨晚沒睡好火氣大啊！」

還在努力思考簡報內容的第五型人一時之間**不知道如何反應，所以面無表情**。大家看第五型人一臉死寂，也不知道應不應該笑，讓原本有點尷尬的場面變得更冷了。

第五型人因為事出突然而來不及反應，尤其針對情緒性的玩笑更難以發表評論。但是，悶不吭聲的結果把第七型人給激怒了，以為第五型人故意不給他面子。此次不愉快的經驗，很可能造成下次溝通的障礙。

第五型在溝通上容易出現的障礙

（1）說者面的障礙

【主觀認定】每個人都應該懂得藏拙，不會的就別說。

【非語言訊息】酷樣、語間多停頓、不帶表情的語氣。

第五型人的原罪是貪婪；貪婪的另一層含意即是「害怕不夠。」所以，物質上不喜歡浪費的第五型人傾向把心事、想法或感覺也都藏在心裡，就算有動人的體會並不見得願意說出來。因此，第五型人容易給人「冷淡」或「不願意分享」的印象。旁人出於好奇心，會很想搞清楚第五型人到底在想什麼，東問西問的結果讓第五型人感到強大的壓力，反而更抽離。

而第五型人抒解壓力的方式之一就是把自己藏起來。只是，當焦慮的第五型人刻意想要掩飾情緒而以不帶感情的口氣說話時，容易給人高傲的印象。

（2）聽者面的障礙

【主觀認定】我要先確定你到底想要什麼。

【非語言訊息】當別人距離他愈近，他愈沒辦法專心聆聽。

　　第五型人希望給自己預留安全的空間。萬一身處在無處可躲的環境中，他會盡量保持低調，以免引人注意。當有人靠得太近，無法放鬆的焦慮會讓第五型人自動過濾掉對方傳達的訊息。如果對方表現出期待的語氣或眼神時，第五型人甚至會因為不安全感而乾脆直接拒絕對方以幫助自己快點脫困。

第六型人：投射式溝通

第六型人習慣用「下對上」與「上對下」的交替方式與別人溝通。也就是有時候可愛可親，有時候又板著臉不容侵犯。因為，第六型人傾向在人際關係裡扮演「青春期小孩」的角色，時而受驚尋求保護，時而反叛尋求獨立。

從小，第六型人特別渴望父親的愛與呵護，所以，自己應該要努力贏得父親的稱讚。或父親對第六型人採取高壓管教，讓第六型人想反抗原生父親，向外追求如父親形象一般的穩定保護。

因此，長大後的第六型人四處尋找可以結盟的對象，同時，他也認定別人應該和他一樣有高度的危機意識。他最受不了因為個人的粗心而導致慘劇發生。所以，凡事希望做好準備的第六型人總是不自主的想像所有潛在的危機。

只是，第六型人並不希望給別人猶豫不決的印象。所以，焦慮的他會把擔憂隱藏在專橫的態度下，然後把自己的擔憂投射到對方身上。

例如，明明是第六型人自己對工作內容沒有把握，但是，他會跑去問別的同事說：「這樣的工作內容你覺得你應付得來嗎？」或「如果你應付不來，我們可以一起去向上級反應！」然而，旁人仍然能夠輕易的看出第六型人的緊張不安，此時第六型人有可能會惱羞成怒的以衝動的言行來否認他的焦慮。

📱 對話實境

第六型同事想邀請第八型同事一起做一份市場計畫。第六型準備了充分的資料要說服第八型相信這是一個會讓高層滿意的計畫。

第六型人「**自信的**」拿出資料：「我已經做了充分的市場調查，這份計畫肯定賺錢！」

第八型人習慣露出挑釁的表情，說：「真的嗎？」

第六型人感覺到第八型人似乎看到缺點，於是「**不確定的**」問：「你不這麼認為嗎？那你覺得呢？這份計畫有沒有需要補強的地方？」

這時換第八型人猶豫了。第八型人心想，第六型人看起來好像不是很有把握，不然怎麼一下子就態度一百八十度大轉變？

第八型人質疑的眼神讓第六型人開始「**懷疑自己**」，說：「我知道你目前可能不想加入，因為，也許……也許這份計畫目前還不是很完善，但是，我會想辦法再調整。」

原本想加入的第八型人打退堂鼓，因為，如果連第六型人本身都覺得計畫還不夠成熟，那麼，也許自己真的不應該加入。而第六型人被第八型人質疑的態度給激怒了，尤其挑起他內心的擔憂。此次不愉快的經驗，很可能造成下次溝通的障礙。

第六型在溝通上容易出現的障礙

（1）說者面的障礙

【主觀認定】每個人都應該有做最壞打算的準備。

【非語言訊息】有時候表現自信堅定，有時候又顯得猶豫不確定；容易
　　　　　　　皺眉。

　　第六型人的原罪是恐懼。其實，恐懼本身只是一種情緒反應，適
度的恐懼可以提高我們的警覺心，讓計畫順利進行。然而，第六型人
卻被恐懼掌握，所思所想都被恐懼牽引，而不是來自理性的判斷。因
此，第六型人常常因為想到新的問題而產生新的恐懼，接著便產生新
的決定。所以，第六型人容易給人反覆的印象。

　　而第六型人抒解焦慮的方式之一就是設想最壞的狀況，然後找到
解決的方法。所以在溝通時，第六型人習慣提出一個負面的假設，然
後希望得到解決的辦法。如此難免讓人認為第六型人過於悲觀或缺乏
自信。

（2）聽者面的障礙

【主觀認定】你也許並沒有對我坦白。

【非語言訊息】把內心的擔憂投射到對方身上。

　　第六型人對於權威人士懷抱著又想依賴又忍不住懷疑的態度。
「權威人士」可能是配偶、老闆、或某位他向來尊敬的同事。無法肯
定自我能力的焦慮讓第六型人一直想要確認自己在別人心中地位。這
時，如果對方表現出不認同第六型人的態度時，第六型人會擔憂對方
的忠誠度，也就是會開始懷疑對方已經不站在自己這邊了。此時的第
六型人可能會出現言語性的攻擊。

第七型人：臨演式溝通

　　第七型人習慣用輕鬆隨興的方式與別人溝通，也就是不喜歡氣氛太沉重。因為，他傾向在人際關係裡扮演「長不大的孩子」的角色。

　　從小第七型人總覺得父母無法滿足他所有的需要，所以自己應該要好好照顧自己。這並不一定代表父母親忽略照顧，而是他內心潛在的匱乏感本來就比其他類型者來得重。為了安撫不足的痛苦，第七型人傾向用歡樂來彌補。

　　因此，長大後的第七型人最重視事物的趣味性與即時性反應，同時，他也認定別人應該和他一樣懂得把握當下。他最受不了過於刻板、嚴肅、或緩慢的環境。所以，第七型人總是不自主的想讓節奏變得更快、氣氛變得更輕鬆愉快。只是，太過隨興與不斷轉移注意力的第七型人常常給人不夠實際、不夠認真的印象。但是，當別人質疑他不夠深入的態度時，往往讓第七型人感到忿忿不平：「為什麼報告一定要寫十頁才算認真？我只花二頁就寫到重點，表示我更棒啊！」想當然耳，大家都會認為第七型人又在耍嘴皮子了！

　　問題出在第七型人傾向「修飾」別人的負面評價。當別人批評他不夠仔細、不夠認真時，第七型人會自我洗腦：「我以我的方式在認真。你們不夠聰明所以不懂我！」

▌·對話實境

　　第七型人與第二型人合作一個企畫案，眼看提案期限就要到了，但是，第七型人卻遲遲沒有交出完整的內容，讓第二型著急地想幫第七型解決問題。

　　第二型人關心地問：「關於那個企畫案……你有什麼困難嗎？」

　　自認優秀的第七型人「輕鬆地」說：「怎麼會有困難！？我只是最近太忙了！明天就給你！」

　　第二型人熱心地說：「你已經說了好幾次要給我了……有需要幫忙要開口喔！」

　　感覺自我能力被輕視的第七型人「冷冷地」回答：「就算要幫忙也不會找你！」

　　第七型人轉身離開，留下難堪第二型人暗恨第七型人不識好人心。此次不愉快的經驗，很可能造成下次溝通的障礙。

第七型在溝通上容易出現的障礙

（1）說者面的障礙

【主觀認定】別把場面弄得太嚴肅，輕鬆一點大家比較聽得進去。

【非語言訊息】搞笑的表情、耍寶的肢體動作、誇張的語氣。

　　第七型的原罪是貪吃，這裡的「貪吃」是指過度想要體驗各種新奇有趣的人生經驗。尤其當第七型人感到有壓力時，更需要歡樂的感覺。所以，第七型人常常是辦公室中的開心果，只要有他在，沉寂的

空間馬上充滿笑聲。

　　然而，辦公室畢竟是嚴肅的場所，所以，第七型人表演型態的肢體語言，很容易給人輕浮或不能讓人信任的印象。此外，他比較天馬行空，容易給人「不懂也敢大放厥詞」、或不切實際的感覺。

　　當第七型人受到大家負面的批評時，他通常不會馬上檢討，而是會先想辦法以正面的角度再解釋一次，自嘲的同時也化解被批評的尷尬。然而，當無法用打哈哈的方式化解衝突時，第七型人也會開始批評對方。

（2）聽者面的障礙

【主觀認定】我很聰明，你不用說太多，我就可以掌握狀況了。

【非語言訊息】把別人審慎的說明解讀成不信任他的能力。

　　第七型人可以說是九種人裡自我感覺最良好的人，因此，他常常不等別人說完，就自以為已經瞭解對方的意思。然而，當別人因為第七型人的輕率應付而質疑第七型人是否認真時，第七型人會認為是對方不相信他的能力，或對方想要踩在他的頭上以控制他。

第八型人：指揮式溝通

第八型人習慣用「老闆指揮部屬」的方式與別人溝通，因為，第八型人傾向在人際關係裡扮演「領導者」或「管理者」的角色。

從小第八型人總覺得自己要很大聲、很用力地表達自己，父母才會注意到他。或第八型人必須在險惡的大人世界中求生存，因此讓第八型人學會用堅強來掩飾脆弱。自己的感情絕不能表露出來，因為，那正是敵人可以要脅他的弱點。

長大後的第八型人有強烈的自我防禦心，同時，他也認定別人應該和他一樣堅強無淚。他最受不了沒有強度的回應。所以，凡事講求力量與力道的第八型人總是不自主的想挑起別人的情緒反應來與自己的強度相呼應。只是，其他人格類型的人並非都愛享受高強度的樂趣；同時，第八型人很少看場合說話，他通常想說什麼就說什麼。因此，當第八型人以超級強烈能量場發出訊息時，常常讓周圍的人承受不住。

▌對話實境

第八型與第一型兩個同事同時在會議中，正值第一型人報告時，第八型發現第一型的企畫案有了錯誤。

第八型人「**直接的**」說：「不對，這部分有問題！」

向來自認零故障的第一型人因為第八型的直言批評而有點惱怒：「你可以等下再說嗎？」

第八型人察覺到第一型人的不高興，立刻「**砲轟的**」說：「有

錯誤就修正，幹嘛不承認！」

　　會議後，第一型人氣呼呼的不說話，而第八型人對於第一型人的不受教覺得莫名奇妙。此次不愉快的經驗，很可能造成下次溝通的障礙。

第八型在溝通上容易出現的障礙

（1）說者面的障礙

【主觀認定】每個人都應該有話直說。

【非語言訊息】精力充沛、聲音宏亮、強悍氣質讓人望而生畏。

　　第八型人的原罪是欲望，他的注意力都放在如何擴張自我的領土，包括有形的空間與無形的意志。第八型人可以說是「溝通單行道」，因為，他很少注意到別人說什麼，只是一股腦兒說出自己想說的話而已。說完後也不太管別人的感受，他只在乎對方有沒有聽見他要傳達的意思。第八型人習慣直來直往，拐彎抹角的溝通只會惹惱他。

　　然而，當別人表現出害怕與第八型人當面溝通時，不少第八型人相當驚訝。因為，他自認為已經很節制自己說話的力道與壞脾氣了。第八型人天生嗓門大、動作大、個性急又容易口不擇言，所以常常在言談間傷害了別人卻不自知。

（2）聽者面的障礙

【主觀認定】強者不示弱，示弱非強者。

【非語言訊息】把別人禮貌性的容忍解讀成示弱的表現。

　　許多第八型人其實是外表強悍內心柔軟，甚至在潛意識裡對自己的脆弱面感到厭惡又自憐。這可以從他討厭軟弱、但是又捍衛弱者的表現窺見一二。因此，永遠得裝堅強的焦慮會讓第八型人無法回應別人善意的關懷，甚至擔心自己的感性與脆弱被誤會是軟弱的表現。其實，通常只有第八型人會把柔軟與軟弱混為一談，因為，故作堅強的第八型人沒有能力分辨其中的不同之處。柔軟是同理心的延伸，所以，我們看到別人悲傷哭泣，心裡會感同身受。而軟弱則是缺乏自律的表現。

第九型人：被動式溝通

第九型人習慣用「一問一答」的方式與別人溝通，也就是他很少主動要求談事情。因為，他傾向在人際關係裡扮演「乖小孩」或「附和者」的角色。

從小第九型人總覺得和父母一致是非常重要的；父母喜歡的，他就喜歡；父母不同意的，他也不敢造次，即使他心中想要。自己的想法、感覺與感受並不重要，配合父母的喜惡才能讓第九型小孩感到安心。

因此，長大後的第九型人不太喜歡與別人衝突，同時，他也認定別人應該和他一樣喜歡和諧的感覺。他最受不了自己因為禮貌而配合大家卻被視為沒有主見，但是，又不想承受不配合大家時內心產生的不安。為了避免煩惱，第九型人總是不自主的閃躲需要他做決定或拒絕別人的機會。所以在溝通時，當第九型人點頭或出聲附和，未必代表他贊同，因為，他很可能只是不想讓你難堪，也不想讓他自己不安。最重要的還是觀察他到底有沒有採取行動。

◥ 對話實境

第三型人因為第九型人一件重要的工作未如期完成，與第九型人有了爭執。

第九型人語氣「溫和的」說：「等我這裡忙完，我就會去做那件事了……」

注重效率的第三型人因為第九型的不疾不徐而不耐：「你應該

依照事情的輕重緩急做事！」

第九型人察覺到第三型人的不高興，「**緩慢的**」說：「急也沒有用。我必須先把這裡做完，才能全心全意做你說的那件事。」

第三型人不高興的走了，而第九型人對於第三型人的快步調倍感壓力。此次不愉快的經驗，很可能造成下次溝通的障礙。

第九型在溝通上容易出現的障礙

（1）說者面的障礙

【主觀認定】每個人都應該能體會我是為了顧全大局，我也有我的感受。

【非語言訊息】隨和親切、滑稽有趣的表情、狀似支持但實際未必。

第九型人的原罪是怠惰。怠惰的另一個層面的意義是「疏於開發自我」，包括：不想說服別人卻說自己寬容、不想面對衝突卻說顧全大局等。第九型人的人格能量是緩慢的，緩慢到連他自己也無法立刻覺查到內心的情緒或感受。所以，第九型人常常誤發贊同的訊息而不自知，他只是習慣性的點頭或說「是」，但是，實際上他也許還沒有細想。愛好和平的第九型人習慣同時呈現不同的意見與立場，但是，他自己卻未必會表態；或就算有他的個人意見，也會被眾多意見淹沒而被大家忽略。

當第九型人在眾人面前被催促表態時，他會感到焦慮與窘迫，可能會遲遲無法做決定，或乾脆把決定權丟給別人。

（2）聽者面的障礙

【主觀認定】我擔心說實話會失去你的友誼。

【非語言訊息】把別人的不同意看成是貶損或打壓自己。

　　第九型人希望與人和平共處，最好大家就像一家人一樣和樂融融。無法承受讓別人失望的焦慮讓第九型人不敢說出內心真正的想法，對別人的忽視與批評也特別敏感，如此讓第九型人反而沒注意到真正支持他的人。如果別人持續發出要求改變的聲浪時，第九型人反而會變得抗拒固執，完全聽不進別人的意見，甚至認為別人在打壓他。

Ⅲ 九型人的溝通祕笈

在前文的「九種溝通模式」中，你已經掌握了九種人在溝通時的「心智過濾器」──溝通慣性、主觀認定、與非語言訊息解讀。一旦掌握了九型人的溝通模式後，接下來就可以進入實戰階段了。

在本單元中，我將「溝通」分成四個階段：

身心接軌

也就是如何讓對方打開他的接收天線。溝通的第一要件，就是對方願意聽聽你想說什麼。許多人常說：「我們磁場不對啦！雞同鴨講！」通常就是在這個階段踢到鐵板。很可能是你踩到對方的地雷，讓對方不爽聽；也有可能是對方過度封閉。總之，本階段要與大家分享的就是如何拉出對方的天線。

十面埋伏

這個階段是情報蒐集時間，也就是要察覺到對方行為背後的動機，作為溝通進行的參考。每一型人我舉出兩種常見的溝通時的反應，幫助大家觀察與分析。

決戰時刻

溝通心理戰正式開打！在面對每一型難纏的對手時，有哪些招數可以幫助你迅速點破對方的盲點，搬開溝通的絆腳石。

起死回生

如果雙方進入纏鬥，甚至冷戰時，你可以如何扭轉場面，起死回生。其實，溝通成敗乃兵家常事，從經驗中不斷的學習，相信你一定可以成為溝通高手！

第一型人

【身心接軌——如何讓他聽你說】

◎讓發自真心的讚美揭開序幕

九種人格學中，把第一型人、第二型人與第六型人歸於責任組，他們是勤奮的一群，但是，他們的努力需要被肯定，不然他們會心生抗拒。此外，第一型人推崇理性分析，要說服他，你得準備好堅若磐石的證據或資料詳細的實例。拉關係做人情的訴求，不但不能幫助你加分，反而會嚴重扣分。

◎不採「對錯論」，改用「狀況論」

當你想和第一型人討論誰的方法比較好或誰的觀點才是正確的，請盡量避免「對或錯」、「好或不好」、「你的或我的」等字眼，改用「適合與不適合」、「A案或B案」的中立說法。因為，第一型人內心最大的恐懼就是做錯事，他比別人花更多的心力就是要避免犯錯。因此，不要摧毀他的努力，因為，那絕對會讓你們出現敵對狀況而更難溝通。不妨以「狀況論」來看，針對目前的情況，討論用哪一個會比較適合。

◎讓他有主導的感覺

最後，當你綜合雙方意見而找到一個方法時，不要自己先下結論，而是先詢問第一型人這樣做可以嗎？可能第一型人又忍不住提出一些意見，但是，因為溝通氣氛並不僵硬，第一型人也會趨向合理。

【十面埋伏——看穿他的潛意識】

◎堅持某一種方式時，通常並不是他真心想要的

聽起來很不合理是嗎？但是，這就是第一型人的盲點之一。第一型人習慣以「我應該怎麼做」的角度來思考，而不敢去想「內心真正想要什麼。」因此，不要急著陳述你的論點，而是多讓第一型人談談他的想法或感覺，從中找到他內心真正想要的是什麼，也許和你想要的是一致的。

◎情緒變得高昂時，很可能他正在竭力壓抑他的怒氣

第一型人對於覺察自己的怒氣是有障礙的，因為，他打心裡不想承認自己在生氣。對第一型人來說，生氣是不理性的表現，所以，他一直在找一個生氣的正當理由。比方說，氣憤某個不公平的現象或某件不合理的事情等，這樣他就可以理直氣壯的發洩怒氣。如果找不到正當理由，那麼第一型人會把生氣的感覺假裝成一個正面的情緒。比方說：和老婆吵架後氣呼呼的上班，卻把精神緊繃的感覺解讀成今天工作情緒特別高昂。

【決戰時刻——3秒鐘破解溝通盲點】

◎表現尊重，消減他的怒氣

第一型人的怒點相當低，而且很容易被對方不認真的態度所激怒。但是，第一型人對自己的怒氣未必敏感，不過，旁人絕對可以從他傲慢的言詞與急躁的肢體動作嗅出他即將爆發的怒火。此時，你要先收起笑臉，也擺出凝重認真的表情，在態度上與他一致，讓他確認

自己是被你尊重的。同時，避免在他情緒被激起的時候與他爭辯。保持尊重他的態度與你的風度，第一型人比較會聽進你的話。

◎走到戶外，幫助他冷靜

如果第一型人仍舊出現激憤的口氣，那常常是因為他過去壓抑太多的憤怒情緒，今天剛好遇到這個出口讓他發洩出來罷了，你千萬不要被他莫名其妙的怒氣給惹惱。此時，不妨提出你需要沉澱一下，或建議到室外走走，間接的給第一型人一個整理情緒的下台階。

【起死回生──如何化解他的怒氣】

職場地雷

- 感到被批評。
- 感到被欺騙。
- 感到不被尊重。
- 別人失職或不認真。

◎不爽指標

- 突然變得沉默。

當有人踩到第一型人的地雷時，他通常會先向內檢討自己是不是真如對方所說的一樣。但是，因為自我意識作祟，第一型人的人格防禦系統會馬上被啟動，轉而認定是對方的惡意批評或失職狡辯。不過，第一型人會用力壓抑怒氣，因此不發一語。

● 嚴厲的眼神或情緒化的肢體動作。

他希望你知道他內心已經非常不高興了。

● 指控式的數落對方哪裡做錯。

當第一型人壓抑不住怒氣時，他可能會突然地對另一方做出翻舊帳的指控，讓大夥兒傻眼。

◎消氣仙丹

● 【生小氣】就事論事。

在找他重啟溝通之前，先拿掉你自己的情緒，然後以就事論事的角度與誠心想解決問題的態度去找他談。建議可以先擬出一個討論的流程與所需時間，然後讓第一型人來決定何時會面，如此可以給他時間去釐清情緒。

● 【生大氣】鼓勵直說。

如果雙方已經劍拔弩張，最有效的方式就是直接切入：「你對這件事非常不滿意，我很有誠意解決這個問題，請你明白告訴我你的想法。」首先，你一定要讓他說完，不管你多麼想反駁。同時，你還要適時地肯定他的分享：「我不知道你原來是這麼想。你的分享對我很有幫助！」你愈支持他，他愈會暢所欲言，如此你就可以更瞭解他的執著點在哪裡。當第一型人有機會去陳述他的感覺與想法後，他通常就會變得比較敞開。

第二型人

【身心接軌──如何讓他聽你說】

◎強調你想與他私下談談

九種人格學中有一個分法中，把第二型人、第三型人與第四型人歸於情感組，他們是最在意形象的一群，也是特別需要注意力的一組。因此，當你友善的表示這是一次介於你與他之間的會談時，一方面會讓第二型人感到被重視，一方面也會提高他說出小道消息的意願。

◎保持親切微笑或讓他感覺到你是站在他那一邊

第二型人最大的安全感來源是別人對他的好感。所以，不斷讓第二型人感受到你對他的善意將有助於他的敞開。首先，不要和他唱反調或表情冷淡；其次，不時表達你對他的肯定與支持。同時，不妨透露第二型人的作為對其他人的影響後，再詢問第二型人對其他人的感覺。

◎多多詢問他的感受

一直在為別人付出的第二型人常常在內心哀嘆別人都忽略了他的需要，因此，他很渴望有人看見他的委屈，尤其當你在陳述一個不利他的情況後，你更要表達你對他感受的關心。一旦第二型人感覺到有人同理他的辛勞後，他才能有再繼續付出的動力。

【十面埋伏——看穿他的潛意識】

◎一再堅持要幫你時，很可能你一直沒有給他想要的回饋

「先有付出才能獲得愛」是第二型人的中心信念。因此，當別人對他的服務沒有表現出滿意的表情時，第二型人會加碼付出以爭取別人的滿意度。第二型人需要透過別人的感謝或讚美來確認自己是受到大家歡迎的，所以，大家給他的感謝愈多，他愈會開心的幫大家做事情。

◎覺得他說話模稜兩可時，很可能你與他的意見不一樣

非常注重人際關係的第二型人很難說出拒絕別人或破壞情誼的話，因為，他會擔心對方會不會因此討厭他。所以，當你的想法與他的不一致時，第二型人通常不會馬上否定你，而是會用稍做修飾的方式讓你明白他的意思。只是旁人常常會誤解，原來，第二型人充滿支持性的微笑與鼓勵其實是想要拒絕。

【決戰時刻——3秒鐘破解溝通盲點】

◎隨時感謝他

第二型人需要聽見你的讚美或感謝，而且是不斷的聽見；同時，要表現得念念不忘他對你的影響與重要性。因為，一旦第二型人確認你仍舊是喜歡他的，他就會感到安心，也比較會聽進你的話。此時，你再提出你需要他幫你一個忙，或需要他體諒你的處境，自認是救火隊的第二型人通常就很難拒絕了。

◎同理他的付出，幫助他冷靜

　　如果第二型人開始出現歇斯底里的情緒性反應時，那常常是因為他長期需要被感激或被注意的缺口已經大到他無法承受了，你千萬不要被他的指控給惹惱。此時，以不會造成誤會與騷擾的前提下，給他一個擁抱或其他肢體上的碰觸，例如：拍拍肩膀，摸摸他的手臂等。如果不方便，那麼就改以關懷的言語代替。當第二型人感覺到自己是被關心的，內心的委屈才能開始抒解。

【起死回生——如何化解他的怒氣】

職場地雷

● 沒有被直接或明確的感謝。

● 感到被視為理所當然。

● 自己的感受被忽略。

● 別人沒有以相同的關心或禮貌來回應他。

◎不爽指標

● 一會兒友善，一會兒冷漠。

　　當有人踩到第二型人的地雷時，他通常會先忍耐下來，因為他不想讓別人認為他是一個難相處的人。然而，不滿的情緒仍然不時會冒出來。因此，為了掩飾內心的不悅，第二型人會表現得比平時更客氣；但是，終究壓抑不了氣憤而不時表露出不耐煩或諷刺的口吻。

● 故意把對方當空氣。

他內心已經非常不高興了。

● 掀起情緒風暴。

當第二型人終於壓抑不住怒氣時，他可能會突然情緒大失控，甚至一反他平時的友善態度，對別人做出直接嚴厲的批評。

◎消氣仙丹

● 【生小氣】請他幫助你。

當他在滔滔不絕時，讓他盡量發洩，不要打斷他或嘗試作辯解。當他吐完苦水，心中的憤怒應該消一半了。此時，不妨以請求他協助的態度：「我發現你為此不高興，我很想瞭解是什麼原因造成的。你願意幫我弄清楚現在的狀況嗎？」

● 【生大氣】不要推翻他，而是要博取同情。

如果雙方已經劍拔弩張，最有效的方式是先等第二型人願意談。所以，不妨告知他，只要他願意談就來找你，你的大門永遠為他而開。談話的時候要以感性訴求為主，藉此引起他的同情心：「你願意給我一點時間讓我說一說心裡的感受嗎？」、「可以讓我說一下為什麼我會這麼想嗎？」對許多第二型人來說，溫馨的氛圍與尊重態度是化解衝突的關鍵。

第三型人

【身心接軌──如何讓他聽你說】

◎讚美、讚美、讚美

　　九種人格中，第二型人、第三型人與第四型人屬於情感組，他們是最在意形象的一群，也是特別需要注意力的一組。第三型人以表現自己最棒的一面來贏得大家的注意力，所以，不妨讚美他的高效率、或他最近完成的計畫、或他一直很得意的事情。讚美會讓第三型人感到安全，同時也能夠讓他卸下敵意。

◎以不妨礙他工作為前提，誘之以利

　　講求速度的第三型人最討厭在他專注工作時被打斷。因此，不妨由他來決定會談的時間，不然，被打斷工作的第三型人很容易浮躁。此外，以讓他更成功、更有表現、或更有效率的訴求來提高他參與會談的動力與專注力。

◎勾起他的競爭心

　　第三型人是目標導向型的工作者，一旦他定下目標，他會像著了魔般的一定要完成。對於中間出現的任何建議或支持，競爭心強烈的他會扭曲解讀成障礙，讓他更不顧一切的想要打倒對手，奪得最後勝利。所以，不妨強調別人也有興趣或在等待回覆，但是你當然先問過他，因為他才是你心中的最佳人選。

【十面埋伏——看穿他的潛意識】

◎展現高效率時，表示此刻的他離內心最遠

第三型人很像一台工作機器，只要選定程式，他就會自動自發的完成。

為了快一點完成任務，工作中的第三型人不讓自己受到任何打擾，包括自己內心的感受，甚至身體上的不舒服。因此，當你觀察到第三型人正活力充沛的在工作時，表示他目前是沒有辦法顧及到別人的需要與感受的，因為，他連他自己的內心都忽略了。

◎故意貶低別人時，通常代表他找不到自己更多的優點

第三型人自認是人中龍鳳，在團體中的優越感強烈。然而，當他發現自己的優點不夠用或有更強勁的對手時，整合度好的第三型人會優雅轉身，過度害怕失去掌聲的第三型人則會為了維持成功者的形象，開始踩低別人以提高自己。

【決戰時刻——3秒鐘破解溝通盲點】

◎效率第一，馬上反應

第三型人在工作上的優點之一是：他真的可以不帶感情的就事論事。因此，當你發現有問題，不妨以禮貌的態度、讓任務更出色或更快速完成的訴求、以及直接切入重點的討論方式，這會讓不想浪費時間的第三型人願意坐下來和你共商大計。

◎他不會處理負面情緒，別被他的冷漠刺傷

第三型人雖然是情感組，但是，整合度不夠的第三型人不擅長處理內心的情緒，尤其是負面的感覺，他傾向以「不回應」來逃避。因此，當他必須否定你的提議或拒絕你的要求時，他通常會直接說出來，而且不會花時間討論你的感受，甚至會主動結束會談。因為，你的沮喪會連帶勾起他潛意識中害怕挫折的恐懼，讓不喜歡負面感覺的他只想趕快結束這股不愉快的感覺。

【起死回生──如何化解他的怒氣】

職場地雷

- 情勢明顯對自己不利。
- 感到專業形象受損。
- 有表現卻沒有得到應有的讚賞與回報。
- 因為別人的不專業而被牽連。

◎不爽指標

- 特意表現出冷靜與自信。

當有人踩到第三型人的地雷時，他通常不會在第一時間表現出來。為了不讓別人發現他的情緒，他會以簡短的公事上的問答來掩飾。一方面保持自己的專業形象，一方面也暗自希望早點結束這場無聊的會談。

- 意興闌珊甚至沒有耐心。

● 意興闌珊甚至沒有耐心。

他內心已經非常不高興了。

● 直接反彈。

當第三型人終於壓抑不住怒氣時，他會一反平時的優雅風度，語氣逐漸變得尖銳而且用詞變得更簡短，甚至會冷峻嚴厲的直接反嗆對方。

◎消氣仙丹

● 【生小氣】親切但清楚的詢問。

當第三型人表達不滿時，可以肯定他已經忍受一段時間了。只是，如果你詢問他是否需要「幫助」或哪裡有困難，他的答案通常會是「一切都如計畫中進行！」因為，第三型人不願意自己的專業能力受到質疑。所以，不妨以「進行得如何？有沒有需要調整或配合的地方？」為切入。記住，要以保住第三型人的顏面為優先。

● 【生大氣】以實際方案代替陳述感受。

如果雙方已經劍拔弩張，最有效的方式是：「回歸現實面」，以解決問題為優先。不要去和第三型人解釋你的內心轉折或委屈，他一點興趣都沒有！應該把重點放在根據目前的狀況，你們要如何解決；或依照第三型人的作為與決定，很可能會引起哪些專業上的隱憂。

第四型人

【身心接軌──如何讓他聽你說】

◎詢問他的感受

九種人格中，第二型人、第三型人與第四型人屬於情感組，他們是最在意形象的一群，也是特別需要注意力的一組。第四型人習慣透過情緒的表達來引起別人的注意。所以，他通常對於自身的感覺與感受特別關心，同時，也希望別人能夠透過這些來瞭解他。

◎同理他的感受

當你想傳達某個訊息給第四型人，尤其是負面的內容時，請務必搭配「我知道這樣很令人難受……」、「我也曾經有過相同的經驗……」、「我也會非常震驚……」等，以「我」、「我的」字眼開頭的句子，以及分享感受的說詞。第四型人雖然期望別人能夠瞭解他的感受，但是，他常常已經先主觀認定你不會理解。因此，當你表現出關心與慈悲的態度時，他的安全感與敞開的意願會大幅提高。

◎持續關注他的感受

正如同「讚美」是第三型人的罩門，第四型人一遇到「有人懂他」時便會束手就擒。所以，就算你真的很難理解第四型人的心態，你也務必得三不五時關切：「你現在覺得還好嗎？」、「我知道你可能不想這麼做，那你覺得你想要怎麼做呢？」

【十面埋伏——看穿他的潛意識】

◎表達對某個人事物失望時，很可能他只是想獲得更多的注意力。

第四型人的內在驅力就是「注意力」，尤其是來自他特別看重的對象，例如：另一半、老闆、或某個他看重的人。所以，當第四型人常針對某人發出抱怨時，或常對某人抱怨其他事情時，表示他很想獲得那個「某人」的大量注意力。

◎極力排斥某個人事物時，通常代表對方威脅到他的自我形象。

對於引不起第四型人興趣的人，他不會花力氣去排擠，因為花在自己身上的注意力都不夠用了。然而，對於那些會讓他產生嫉妒或不支持他的自我形象的人事物，第四型人傾向會激烈的反對，甚至刻意切斷與對方的來往。例如：他以藝術品味自傲，當有人對他的品味不以為然時，他會刻意忽視對方的存在。

【決戰時刻——3秒鐘破解溝通盲點】

◎他要立即的回應，不管內容為何

第四型人對於「被拒絕」十分敏感，他習慣把不符合他預期的結果都看待成「對方在拒絕他」的訊號。因此，當第四型人對別人提出要求時，他傾向把對方回應的速度解讀成對他的接納度。所以，如果對方延遲回覆，他會覺得到自己是不受重視的而感到生氣或沮喪。所

以，不要等到想清楚了才回覆第四型人，而是立即給他一點回應，即使是告知他，你因為太忙所以會晚一點回覆都好。

◎鼓勵他說出不爽，別讓舊恨生出更多新仇

第四型人傾向找尋弦外之音，常常會過度解讀而不自覺。等到別人發現有誤會想解釋時，第四型人早已經根生蒂固聽不進真正的原因。所以，當你發現第四型人出現異常沉默或言詞充滿火藥味時，不妨先停下手邊的議題，主動關注他的感受，並且鼓勵他分享。與第四型人來往，有誤會最好及早釐清，省得衍生更多新仇。

【起死回生——如何化解他的怒氣】

職場地雷

● 自覺被忽略或被輕視。
● 被要求去做與他的價值觀相反的事。
● 對手激起他的嫉妒心。
● 嫉妒。

◎不爽指標

● 直言傷人或異常沉默

當有人踩到第四型人的地雷時，他通常會有兩種直接反應：（1）不修飾的話衝口而出，通常會讓人很不舒服；（2）突然不說話，給人生悶氣的印象。第四型人在與人溝通時，通常會事前三思推演。然而，一旦出現情緒，他會自以為坦率的脫口而出，卻為自己樹

立了不必要的敵人。

第四型人習慣把所有不愉快都先「牽拖」到對方對他有意見。然後根據自己的假設，推演出他認為很正確的結論。當你發現第四型人不斷懷疑某人對他有成見時，表示他已經深陷人格的盲點了。

當第四型人終於壓抑不住怒氣時，他會不斷地找人討論自己的感受。一來想要獲得情緒上的支持；二來也想聽聽別人對此事件的感覺；最重要的是，第四型人在思考應該以何種強度來表達他的感受。當他準備好去找對方談判時，他的肢體言行表現出來的絕大部分是情緒性的回應。

◎消氣仙丹

首先，先確認他是否願意談：「你現在有心情和我談談嗎？」會談時，不妨以下列問句打開他的話匣子：「可以告訴我你為什麼這麼難過嗎？」、「我感覺你有心事，願意讓我分享嗎？」接下來，你只要負責聽就好了。當然，不時要表現出認同與體諒的態度。當第四型人能夠完全抒發情緒時，他就會有被尊重與被理解的感覺，這時，他才有心情來聽你的解釋。

如果雙方已經劍拔弩張，最有效的方式還是：「先讓他說完。」更精準的說法是：先讓他發洩完。當他一直執著於解釋某個點時，表

示他覺得你可能沒聽懂。此時，不妨重複他的論點，讓他確認你懂了。這將有助於他繼續往下發洩，而不會卡在某個點沒完沒了。其次，避開「你太敏感了！你反應過度了！」這種說法，不然，他又會重講一遍大迫害的劇碼給你聽。

第五型人

【身心接軌——如何讓他聽你說】

◎給他時間考慮與決定

第五型人從小就在躲避來自家人的擠壓，他尤其害怕自己好不容易建立起來的隱密堡壘，有一天會被旁人強力攻佔。因此，他總是小心翼翼地看守著堡壘入口，不讓別人有靠近的機會。一旦有人逼近，他傾向先拉起吊橋，躲在城門後偷偷地觀察對方。所以，讓他知道你想會談的內容與所需時間，讓他有空間去思考與決定，這樣他比較有可能會渡過護城河與你見面。

◎讓他決定要不要談感受

除非你自認口才很好，不然，不要使用比擬或譬喻來與第五型人交談，他需要清楚的訊息以方便他做判斷。此外，第五型人雖然不喜歡談情緒，但是，他的內在卻是充滿感覺的，只是他要不要表達出來而已。當第五型人愈感到自在與安全時，他就有可能願意談一些他的感受了。第五型人就像蛤蜊，你愈戳他，他閉得愈緊。

◎給他合乎邏輯的解釋

當討論間出現新的問題時，不妨適時地詢問他，現在是否願意談？還是要過幾天再討論？不時的讓第五型人感覺到他是可以隨時終止討論的，他會比較有安全感。一旦安全感提高，與第五型人的溝通阻力就會變小。此外，不要期望第五型人給你感性的回應，他習慣理性的溝通方式，他更期待聽到的是你經過縝密思考後的合理推論或解釋。

【十面埋伏──看穿他的潛意識】

◎表現得比平常社交化時，很可能只是想掩飾內心真正的感覺

　　大部分的第五型人並不喜歡社交，當他表現得比平常主動接觸人群或與人相談甚歡時，他未必一定是想與該人建立某種關係（雖然有時候他確實是想做好關係），許多時候他可能只是想掩飾當時的情緒而已。例如，他當時很可能是感到緊張或不知所措，為了掩藏焦慮，他只好強作歡笑。甚至有些時候，第五型人故意戴上應酬的面具，而把真實的自己抽離在一旁觀察大家與他的互動。

◎反應特別冷淡時，很可能他認為你在強索注意力

　　第五型人視情緒為洪水猛獸，因為，他很可能從小已經受夠了大人的歇斯底里。他習慣讓自己成為「情緒的絕緣體」。許多人分享過與第五型人交談時，彷彿在隔空喊話一般的讓人感到精疲力竭。因為，不管喊得多用力，他永遠保持不起波瀾的回應。不管旁人的情緒已經多高漲，第五型人依然平靜無波。因為他害怕自己一旦有回應，別人就會得寸進尺要更多。

【決戰時刻──3秒鐘破解溝通盲點】

◎他習慣鋪陳，因為他希望你掌握多一點資訊

　　我聽過許多人抱怨第五型人在溝通時喜歡把小事情說得很複雜。其實，他應該是希望自己能夠很精準地把事情說清楚講明白，他很怕

別人搞不清楚或誤會了。第五型人以為別人和他一樣，希望對事情有一清楚明確而且合乎邏輯的掌握。只是，一般人會覺得太贅述了，往往沒有耐心聽完就打斷他，讓第五型人感到不被尊重。

◎**告訴他你的想法，而非你的感受**

常與九型人接觸，我發現一個有趣的現象。不少理性導向的人習慣說「我覺得……」，其實並不是在說明「感覺」，而是在陳述「想法」。不少感性導向的人常說：「我認為……」，其實談的都是「感覺」。第五型人是屬於理性導向的一群，不論他的用字遣詞讓你覺得他有多感性，其實，他是徹底活在理性世界的人，需要邏輯推演出合理的前因後果他才能自在安心。

【起死回生──如何化解他的怒氣】

職場地雷

● 隱私被打擾。

● 沒事先被知會。

● 被大嘴巴同事洩漏個人私事。

● 工作負荷過重而打亂個人生活。

◎**不爽指標**

●話變少，盡量不參與。

第五型人很會隱藏情緒，因此，旁人不容易發覺他不高興，也就常常誤踩地雷而不自知。偏偏第五型人是屬於會記恨的一群，他不見

得一定要報復，但是，你給他的傷害將烙印在他心裡。

●立刻離開現場，或迴避讓他生氣的人。

刻意不出席或遲到、甚至也不願意多做解釋，表示他已經非常生氣了，只是還沒想好要怎麼對付你。

●主觀近乎偏執。

當第五型人因為憤怒而失去理智時，他將是九種人裡最主觀的人，甚至出現偏執的態度。一旦他認定他的推論，他會不惜語出謬論歪理也要捍衛到底。此時第五型人的攻擊性常常會讓周圍的人嚇一大跳。

◎消氣仙丹

●【生小氣】讓他知道你有注意到他的改變。

第五型人傾向把情緒鎖在心裡，尤其當他不高興時，他更不習慣主動把問題拿出來討論。此時，不妨讓他知道你有注意到他的細微改變，所以你推測應該有問題存在：「我注意到你不像平常那樣很快找到問題的癥結……」、「你今天開會不像平常那樣持續發問……」這些有助於第五型人直接切入討論。當第五型人陳述到一個段落時，你不妨續問：「可以再跟我多說一些好讓我更明白整個狀況嗎？」當第五型人說得愈多，愈會透露出他心裡真正的意思。

●【生大氣】此時最容易聽見他的心底話。

如果雙方已經劍拔弩張，平時看來冷靜的第五型人很有可能出現瘋狂大爆炸。其實，這並不是一件壞事，因為，只有在這個時候你才有機會聽見第五型人最想說的話。此時，不必面露驚訝的表情或跟著

他的情緒起舞，因為，不管是哪一種情緒，都會讓第五型人感到更不安、更封閉。相反的，你的內心應該要帶著感謝的心情謝謝他的分享；同時，不要急著去安撫他而靠他太近。要給他足夠的身體空間，讓他不會過度緊張。等他發洩完畢，他自己很快就會恢復冷靜。

第六型人

【身心接軌——如何讓他聽你說】

◎如果他提出一個煩惱，先肯定他的擔心

正如第四型人覺得，誤解他的情緒就是誤解他這個人；第六型人認為，你若是不認同他的擔心，就是不支持他。第六型人思維慣性是找出所有不好的可能性，在他的焦慮沒有解除前，他很難聽進你的任何安慰或不同見解。

◎如果你要提出一個煩惱，先強調這不是一個問題

瞭解第六型人負面思考的習慣後，你要小心的提出你的煩惱。因為，對負面情境特別「有感覺」的第六型人會把你的煩惱「災難化」。因此，請盡量在討論開始之初就輕鬆明確的說這不是一個問題，你只是想聽聽他的看法。

◎讓他感覺到你和他站在同一陣線

當第六型人沉浸在煩惱中而難以做抉擇時，或第六型人被焦慮淹沒聽不進你的建議時，他的自我防禦心會迅速提高。所以，不管你的意見是否與他的相同，為了讓溝通能夠順暢，你必須一再表達你理解他的看法或你認同他的擔憂。

【十面埋伏——看穿他的潛意識】

◎一開始熱情友善，某一刻又突然拉起屏幕

第六型人的致命傷就是懷疑，懷疑讓他顯得反覆無常或猶豫不

定。你永遠無法肯定眼前他對你的真正感覺是什麼，因為，連他自己也不能確定。因此，如果你覺得他一貫友好的態度突然改變了，你先毋須緊張，在靜觀其變的同時，不妨檢討自己是否哪裡讓第六型人感到不安了。

◎不管他多麼挺你，他的內心永遠在懷疑你是否會背叛他

由於第六型人本身並不容易對別人說出他內心真正的看法，因此，他會把這個習慣投射到別人身上，也就是他會認為別人也沒有說出真心話。「投射」是第六型人慣用的手法，當他想要某個東西時，會直覺的認定別人需要那個東西，有意識或無意識的忽略自己真正的想法。此外，第六型人也很難接受讚美，因為，他會忍不住懷疑你的讚美是否有所暗示？

【決戰時刻──3秒鐘破解溝通盲點】

◎他習慣把他的焦慮投射在目前的討論

其實第六型人很有洞見，只要他能盡量不受焦慮的影響。因此，當第六型人滔滔不絕的陳述看法時，你要稍做判斷，他是否只是在反應他自己內心的焦慮、擔心、動機、需要等。

◎提供多種可能性，幫助他冷靜下來

第六型人容易陷入悲觀的推測中而無限上綱。要打斷這種思維的方式之一就是：提供他多種可能，及早把他從「見樹不見林」的死胡同中拉出來。此外，你也可以運用其他幫助人冷靜下來的方式，例

如：做幾次深呼吸、講幾則笑話緩和氣氛、到室外走走轉換注意力等。

【起死回生──如何化解他的怒氣】

● 壓力。

● 覺得對方缺乏誠意。

● 感到被欺騙。

● 上司霸道、不講理。

◎不爽指標

● 明顯變得不團結。

因為憤怒而引發的一連串擔心與恐懼，讓第六型人不知如何應對，第六型人通常會暫時從團隊中抽離。

● 無止盡的分析與投射。

開始過度解讀對方的言行與用意，甚至把自己的憤怒投射到對方的動機，認定對方不安好心。

● 反應激烈。

許多第六型人會在生氣的第一時間把怒氣直接反應出來，尤其當那個讓他不爽的人就在眼前時，他很可能會直接攻擊對方。由於第六型人很能洞察人心，因此，他反擊時的言詞也常常切中對方的隱藏動機，而讓對方難以承受。

◎消氣仙丹

● 【生小氣】先幫助他減壓再談。

第六型人平時就給自己相當大的壓力，當環境的壓力增大時，他更是繃緊神經，很容易因為雞毛蒜皮的小事而抓狂。同時「投射心態」會發作，認定這些壓力都是別人給他的，因此會更容易暴怒。所以，給第六型人時間去舒緩壓力是化解衝突的第一步。

● 【生大氣】先重建信任的氛圍。

如果雙方已經劍拔弩張，此時的第六型人已經百分百認定你是一個居心叵測的人，因此，如何重拾他對你的信任是化解衝突的關鍵。溫暖的語調、誠實的態度、不保留資訊、直接攤開來說等，都是可以建立信任氣氛的方式。最重要的是，不要讓他感覺你不挺他，比方說：指控他的疏失、恐嚇他因為他的行為將會引起多大的損失等。

第七型人

【身心接軌──如何讓他聽你說】

◎回應他的情緒強度

　　第七型人最怕無聊與無趣，不夠好玩的事情吸引不了他的注意力。因此，當他正在興沖沖的講述某個體驗或點子時，請務必要有反應，而且要以他的情緒強度來作為回應的標準。切記不要過度反應，那會勾起警戒心，畢竟第七型人也是容易焦慮的一群哪！

◎別擺老闆架子，別讓他感到有壓力

　　當壓力過大或氣氛太過沉重時，第七型人會想要逃跑，比較容易敷衍現況。同時，第七型人對權威有一種想要「玩玩看」的心態，他會忍不住想要探測權威的底線在哪裡。所以，許多第七型人從小就是「滑溜的小孩」，讓大人又氣又好笑。

◎善用「三明治讚美法」

　　許多第七型人就像一個長不大的孩子，但是，他的淘氣不正也是讓你喜歡他的地方嗎？當然，在職場上我們無法忍受孩子氣的作為，不過，讚美孩子的方法卻很適合用在第七型人身上。凡事包上一層糖衣，他比較能夠接受。不妨使用「三明治讚美法」─把你的建議或要求包夾在兩層讚美中間。先讚美他的作為，再陳述你的想法，最後再一次肯定他的表現。

【十面埋伏——看穿他的潛意識】

◎當他的情緒開始高漲，他一定有心事

當一個第七型人主動約人出去玩樂或開始炒熱氣氛，你幾乎可以斷定：他一定在逃避某種壓力。第七型人的自由意志相當高，因此特別不喜歡那種「沒得選擇」或無所發揮的狀況。然而，他對於壓力相當敏感，只是不同於習慣分析壓力的第六型人，第七型人習慣轉移注意力，用快樂的感覺幫助自己逃離壓力。

◎當他顯得興趣廣泛，表示他還有沒找到重心

許多第七型人常常因為分不清真正的興趣與一時的誘惑而損失慘重，因為他會衝動的把生命花費在自己以為很有興趣、其實只是一時新鮮感的人事物上。所以，當第七型人天馬行空的談著夢想時，你要小心觀察他是否已經規畫了一段時間，比方說1年以上；以及他是否有持續投入注意力；或許他只是一時興起。

【決戰時刻——3秒鐘破解溝通盲點】

◎別被他的花招蒙蔽了

第七型人非常擅長轉移你的注意力，尤其當你正在講述他不想聽的內容時。所以，不斷的把你們談話的主題拉回來，將是與他溝通時必須付出的精力。同時，第七型人習慣「簡化事情的難度」，一方面是自我感覺太良好，一方面是他的頭腦習慣跳過執行或艱難的部分，直接沉浸在計畫完成時的美景與歡樂。因此，請保持清醒的頭腦，不要被第七型人拉進他的黃粱大夢而忽略了執行的細節。

◎給他多一點選擇，讓他甘心做決定

由於從小的被剝奪感，第七型人很不喜歡自己的選擇受到限制，因為，他的潛意識裡總覺得還有更好的事情會出現。所以，為了讓第七型人甘心放棄所有的可能性，及早採取行動，不妨提供他多一點選擇，滿足他習慣開放性選項的心態。

【起死回生──如何化解他的怒氣】

職場地雷

● 覺得自己的時間被浪費。

● 沒有進展。

● 沒人支持或回應他的點子。

● 被指責不夠積極參與。

◎不爽指標

● 突然安靜下來。

當第七型人不高興時，他的不爽會馬上表現在臉上，態度變得死氣沉沉，用詞變得極簡。同時，他也會突然不說話，開始顯得沉默。然而腦中的念頭或抱怨卻不斷湧出，他會針對眼前狀況不斷做假設、推測可能的答案。

● 馬上採取行動。

表示第七型人已經按捺不住內心的焦慮，他必須「做點什麼」才能解除緊張感。他的動作有多迅速，就表示他的焦慮感有多大。

● 開始責怪別人。

當採取某些行動後仍然止不住焦慮感時，第七型人會開始攻擊別人，最常用的方式之一就是矮化別人、甚至醜化對方的用意。

◎消氣仙丹

● 【生小氣】先放低你的姿態。

收起任何具有攻擊或質疑性的字眼。不妨說：「今天的討論你覺得還好嗎？」、「我覺得我們今天花了不少時間在討論預算。你覺得呢？」、「你的建議聽起來真有意思！這激發我另一個想法……你覺得如何？」

● 【生大氣】坦誠的請他一起說明白。

如果雙方已經劍拔弩張，此時的第七型人會像一顆四處暴走的火球，燒到誰誰倒楣。不妨以先同理他的怒氣並且誠懇的請他說明：「我知道你真的很生氣，但是我不是很能完全掌握你生氣的原因。可是我非常看重我們的關係，所以，我真的很希望我們有機會可以談清楚。」一旦第七型人願意說出來，請不要打斷他，只要他發洩得夠爽，怒氣也就消一半了。

第八型人

【身心接軌——如何讓他聽你說】

◎和他一樣直接，但是要比他更冷靜

第八型人習慣有話直說，他最厭惡包裝迂迴，一方面浪費時間，一方面顯得不真誠，更挑起他內心被背叛的恐懼。因此，對第八型人不必琢磨客套話，但是，要有敬重的態度，看重他，也看重你自己。同時，第八型人是情緒份子，難免愈說愈激動，你只需要適度回應他的情緒，但是不要被他激怒。別忘了，他就是忍不住想要挑戰你。

◎先讓他看到牛肉在哪裡

第八型人是實際主義者，只要有利可圖，他通常很難拒絕。因此，不妨先讓他看到這次談話的背後可以促成多少的利益，保證第八型人會比你還投入。

◎讓他感覺他在主導

第八型人是老大性格，對他來說，不能採取主動會勾起潛在的恐懼感，因為，那代表著他要聽令於人。所以，不妨滿足他的控制欲，讓他感覺他是談話的主導者。多多詢問他的意見，並且順應他的說法，他想說什麼就讓他說，即使他很沒禮貌的打斷你。

【十面埋伏──看穿他的潛意識】

◎有時好像對你友善，有時又對你冷酷強硬

這都不是你的問題，那是他的外在人格與內在人格在交戰。我們可以把第八型人看成是「穿著鐵甲戰盔的第二型人」。懂了嗎？他是一個「面惡心善」的傢伙。如果，你能夠從他的行為中找出對你的一絲善意，表示你在他的心中還有一些份量；如果你能夠一致的從他平時對別人的行為中找到善意，那麼基本上，他應該是一個人格整合度還可以的第八型人。

◎當他強烈責怪別人，他很可能在隱藏自己的脆弱

在辦公室中最常見的狀況是，當某位他倚重的下屬要跳槽，第八型主管會感到被背叛。為了不讓別人看見他的失望，第八型人通常會以盛怒或百般為難對方的方式來掩飾內心的失落感。然而，外人可能就會解讀成「第八型主管在報復」。其實，就連第八型人自己也不見得領悟得到內心脆弱的那一面。

【決戰時刻──3秒鐘破解溝通盲點】

◎別怕他的氣勢，他只是想讓你重視他

第八型人從小就很努力的想讓大人重視他，因為他發現，如果不說話大聲一點、如果不製造一些衝擊或亂子、如果不用力宣示自己的存在，大人是不會聽見他在說什麼的。因此，第八型人習慣擺出一種「嘿！看這裡！」的架勢，甚至是一副「你不照辦，就等著好看！」的兇狠模樣，為的就是要你重視他的存在！

◎別太在意他的鴨霸，他不習慣表達善意

由於從小習慣要堅忍自己，長大後的第八型人對於自己的強硬非常自傲。同時，他堅信尊重是要靠自己努力爭取的。因此，第八型人對於作風強勢與勇於堅持自我的人會比較尊重。只是，習慣過度自我保護的他，不擅長表達內心柔軟的感情面，因此，即使他真的尊敬對方，也不見得會說出來。

【起死回生──如何化解他的怒氣】

職場地雷

● 覺得自己被不公平的對待。

● 別人不敢承認而害他揹黑鍋。

● 被蒙在鼓裡。

● 大家故意避重就輕。

◎不爽指標

● 一股怒氣直衝出來。

旁人常用「火山爆發」來形容第八型人的脾氣，而第八型人則描述「那是一股怒氣從肚子直衝腦門！」第八型人、第九型人與第一型人同屬於本能組，這一組人的特質就是他們通常處於兩種狀態：一種是生龍活虎，一種是懶蟲一條。也就是all or nothing。因此，當這一組人爆發時常會讓周圍的人嚇一大跳。

● 不等別人反應，先行離開現場。

這是第八型人在他快要暴露出內心較脆弱的感情時，所採取的自救行動。

● 只要提起那個痛，就會嗤之以鼻。

對於那些曾經讓他受傷的人，第八型人傾向永不來往，而且會以貶低或不屑的態度來談論對方。

◎消氣仙丹

● 【生小氣】你不必急著示弱。

不要怕第八型人生氣，相反的，要讓他不斷的「洩氣」。因為，累積的怒氣具有更大的殺傷力。萬一他真的爆發了，那就先讓他發完脾氣，這樣他才能恢復理智。其次，第八型人只尊重強者，如果你表現出被他的怒氣震懾或你的態度缺乏自信，那麼，第八型人會在內心看扁你。

● 【生大氣】坦誠是最好的方式。

如果雙方已經劍拔弩張，此時的第八型人的感覺不外乎是被冤枉或氣憤自己被欺凌，尤其是內心脆弱的感受會讓好強的他難以承受。此時的第八型人很可能會不知所措的暫時封閉自己，這個時候特別需要有人出來主持正義，把事件攤開在陽光下受公評，讓第八型人有機會說出自己的委屈。如果今天第八型人是上司，坦白誠實的說清楚是最好的方式。

第九型人

【身心接軌——如何讓他聽你說】

◎營造溫暖的氣氛

第九型人對於「和諧」相當敏感，當他感到氣氛凝重或不友善的氛圍時，他的直覺反應是先「撤」。也許他仍舊是笑容滿面（因為他必須安撫內心的不安），但是，他的心裡已經開始防堵你。

◎盡量別批判

雖然第九型人是好好先生、好好小姐的性格，但是，這不代表他有接受批評的雅量，他只是不想表現出惱怒而已。然而，正由於他外表看起來不惱怒，反而讓旁人更覺得可以直言無諱，或想激起第九型人的反應。只是，第九型人一直努力的就是在避免勾起衝突。所以，為了不與你對抗，第九型人會拉起一層隱形保護罩，你說你的，他想他的。「抽離」是第九型人逃避壓力最常用的方式。

◎別逼他當場表態

因為原罪是懶散，所以，第九型人是最不想做改變的一群。你可以盡量陳述你的論點，但是，不要讓他感覺到你執意要他接受。不妨再多陳述一些別的觀點後，再提出你認為比較好的作法。如果，第九型人真的當場拒絕你，其實他並不一定是不同意你的論點，他很可能只是想拒絕那「被強迫的感覺」。

【十面埋伏──看穿他的潛意識】

◎當他長期說「沒關係！」，很可能是：「我很生氣你一直忽略我！」

由於不喜歡失望的感覺，許多第九型人有「老二情結」，也就是寧願先退居次位，也不願意和別人爭第一。同樣的情況也反映在第九型人對自己的喜好上。不少第九型人所從事的興趣是他第二喜歡的事情，對於心裡最想要做的事情，第九型人往往不願意付諸行動。因此，當一個第九型人表示贊成時，其實他未必真的同意，他只是不想爭取。當第九型人長期放棄自己的意見時，他內心會有累積的怒氣，你可以從他消極的態度來推斷他生氣的程度。

◎當他顯得猶豫不決，表示他不同意

為了避免衝突，第九型人傾向勉強自己配合大家；可是，他的內心又很不舒服，因為他想要的沒有獲得滿足。所以，第九型人常給人家猶豫或吞吐的感覺，那是因為他既不想傷和氣但是又不想妥協。

【決戰時刻──3秒鐘破解溝通盲點】

◎當你覺得聽不到重點時，不妨暗自用刪去法找到他的意圖

第九型人、第七型人、第二型人同屬於「樂天組」，他們都傾向不好意思當著別人的面說出會讓人難過的話。尤其是生性嚮往和平的第九型人，他一方面不想看到對方失望的表情，一方面也不想內心的

平靜被破壞，因此在談話中，他常常會找不到時機表達負面的訊息。所以，既然他開不了口，最好的方式是你使用「刪去法」找出他的心意。

◎當他對某個議題特別鋪陳時，他很可能有所隱瞞

當第九型人感到難以啟齒時，他會開始東拉西扯，你很可能一不小心就會被他引導到無關的主題上。然後談了半天，怎麼又回到原來的主題。通常這表示第九型人有一些話不知道怎麼對你說。

【起死回生──如何化解他的怒氣】

職場地雷

● 突發狀況打亂他平常的步調。

● 沒有被支持。

● 感覺別人吃定他。

● 感覺被忽視。

◎不爽指標

● 不明顯，但是臉部表情洩天機。

由於第九型人不算是活潑的個性，因此，當他不高興時，他的安靜與慢動作一如平常，讓人不易察覺到他的憤怒。其實，就連第九型人自己也不見得當場就明瞭自己的情緒。這時，不妨小心觀察第九型人的臉部表情：快速卻不經意的翻白眼、或輕微的瘸個嘴，這兩個小動作是第九型人表現怒氣的常見方式。

● 遷怒。

第九型人常被大家開玩笑說他們是反應遲鈍的恐龍。因為他們常常當場不覺得生氣，回家後才開始愈想愈氣。然而，也有部分的第九型人在事後幾天才感到憤怒的情緒，但是卻不知道自己其實是為了幾天前的事情在生氣，結果反而把怒氣歸咎到當時觸發他生氣的不相干小事上，讓別人做了代罪羔羊。

● 常在心裡翻舊帳。

九種人格中，最容易掉入無止盡重複痛苦回憶的三種人，那就是第四型人、第六型人與第九型人。然而，第四型人與第六型人只要當心靈恢復平靜，他們通常就會放下陰霾，也許偶爾會回想，但是卻是以懷念或追憶的角度。不過第九型人卻是永遠在循環「分析──生氣」的模式，只要有一個誘因讓他想起這件事，他就會心疼或懊惱自己當時的表現，然後再氣一次。

◎消氣仙丹

● 【生小氣】用和緩的字眼幫助他表達情緒。

「你不開心嗎？」比「你在生氣嗎？」更容易開啟第九型人的談話意願。因為，「生氣」是比較強烈的字眼，會讓第九型人產生抵抗心。不過，對於負面情緒，第九型人都習慣否認。因此，不妨再追問：「可是我覺得你今天特別安靜……」或「可是我發現你今天的語氣和平常不同……」幫助第九型人去察覺自己的情緒。當他覺得自己是受到支持與注意的，他就會比較安心而願意開口。

●【生大氣】支持他的所有感覺。

　　「被支持感」對第九型人相當重要，因為，這意味著你與他不會發生衝突。「我可以跟你分享我的看法嗎？」這種徵求允許式的問句，一方面釋出善意，一方面也讓第九型人回到他的性格慣性：「綜合多方意見。」一旦第九型人感到身處和諧的情境，他會比較願意敞開。

九型人格

team managemen

團隊篇

I 人格特質是整合團隊的關鍵

第一型性格

自認做事認真的第一型人發現團隊並不重視他的存在時，他會感到生氣而且更缺乏耐性。

第二型
性格

總是想要幫忙的第二型人，常常不解自己
的熱心怎麼會造成團隊的困擾。

第三型
性格

想要面面俱到的第三型人,最擔心團隊批評他,只想到自己。

心思細膩的第四型人，只要一想到團隊中虛假的人際往來，就會降低工作的熱忱。

第五型
性格

看起來很專心工作的第五型人，其實在煩惱如何躲避團隊內的情緒議題。

第六型
性格

不想得罪任何人的第六型人，總是在擔憂自己在團隊裡沒有靠山。

第七型
性格

能言善道的第七型人，如意算盤打的是如
何讓團隊分擔他的工作。

第八型性格

不輕易示弱的第八型人,隨時準備要給團隊震撼教育!

第九型
性格

想要保持平靜的第九型人,寧願裝聾作啞,也不願意在團隊裡選邊站。

誰是團隊裡的黑羊？

「可不可以不要再和小陳同一組？他每次都只出一張嘴，講得天花亂墜，要做事的時候就跑不見人影！」

「要不是我這麼努力，這個團隊能夠有這麼優異的表現嗎？」

「老張憑什麼指揮我們大家？那個阿芳也實在太不專業了！說起我們這一組，真是令人汗顏。」

所謂「黑羊」指的就是團隊中的麻煩份子；他們是拖延進度與破壞和諧的討厭鬼，但是也往往是凝聚向心力與激發團隊潛力的一股黑暗力量。有趣的是，即使在同一個團隊中，每一位隊員認定的「黑羊」卻不一定相同。更讓人驚訝的是，在某個團隊中的「黑羊」到了另一個團隊時很可能成為「黑馬」。

關鍵就在於該團隊中大部分人的人格特質與價值觀，將決定誰是團隊裡的黑羊或黑馬。比方說，一個企業風格保守的公司，可能比較難容忍「多角形」的員工；而一個需要隨時求新求變的公司，可能就不太喜歡「四方形」的員工。此外，一個團隊的領導人對於隊員的偏好也難逃個人人格特質與價值觀的影響；而如果一個團隊裡大部分隊員的人格屬性一致，那麼，人格屬性不同的少數人很可能就會受到誤解或排斥。

因此，透過九型人格學的幫助，我們不僅可以因地制宜的根據任務目標來挑選適合的隊員。也可以在現有的團隊中，按著每個人人格類型的不同，採用適切的激勵方法，並且找出隊員間的差異性，一方

面想辦法調合，一方面做更適才適性的運用。

　　不過，我個人認為九型人格學最棒的地方是幫助我們更瞭解自己的內在動機，因為，人們總是會把內心的黑暗面投射到周圍的人身上。很多時候，我們為了保護自我，潛意識的「抹黑或曲解」了主管、同事、甚至是客戶。

　　想做一匹脫穎而出的黑馬嗎？首先，請先好好瞭解自己的人格類型如何影響你對團隊的期待、在團隊中扮演的角色、以及慣用的攻防策略吧！因為，那正是每個人的職場盲點！

II 九種團隊角色

第一型人：模範生

第一型人很容易成為工作狂，因為，不管他做得再多再好，他都會發現有可以改進的空間；不管是自己或團隊，有做不好的地方就應該要更正。習慣按部就班的第一型人傾向建立一套「SOP——標準作業程序」後，他會要求大家按表操課，以求有效率的達到理想的成果。

萬一有隊員不肯配合，第一型人通常會苦口婆心的說服對方，或嚴格的自我要求以成為大家的模範。只是，第一型人往往容易過於主觀的把自己的價值觀植入他的「標準作業程序」中，造成其他隊員的不認同而產生衝突。

由於要成為大家學習的對象，除了加倍的自我要求外，第一型人會努力的提點大家要注意的地方。尤其在團隊形成之初，第一型人會花費極大的心力去讓整個團隊步上軌道。比方說，定下固定開會時間、製作工作進度表格、分配任務等。

第一型人習慣用提問的方式來傳達他的看法。

「難道你們不覺得現在應該要進入下一階段的任務了嗎？」

「你們認為現在的策略正確嗎？」

「有沒有人能夠告訴我，我們究竟要往哪個方向發展？」

第一型人 傾向把自己定位在「模範生」或「制訂者」的角色，
常常會忍不住想要影響團隊的決定。

第二型人：啦啦隊

　　第二型人通常具有洞察別人需要的潛力，不管對方有沒有說出口，他都會想辦法使命必達，尤其是對他的長官或客戶。在職場上，第二型人很容易給別人「老闆心腹」或「馬屁精」的印象。因為，第二型人習慣用「討好」的方式去對待他所重視的人。所以，對於「愛就是幫對方做事情」的第二型人來說，他很難隱藏他全心奉獻的態度，即使他也不想讓別人看穿他的企圖。

　　此外，第二型人更希望與長官、同事、或客戶維持一個良好的友誼關係。也就是在進行公務的同時，他會忍不住的想要顧及私人情誼。因為，人際關係是第二型人的生命重心。只是，在你開口請他幫忙之前，別忘了先想想，你可以拿什麼回報他。第二型人的心中有一座「友誼天平」，付出與回報在這裡被精細計算著。

　　由於要成為大家的好朋友，許多第二型人會以「情報交換」來拉攏與別人的關係。哪個同事最近家裡出狀況、哪個同事交男朋友了、上次企畫部內鬥的內幕是什麼等。一方面讓大家感覺到他是一個人緣不錯的人，同時，也讓大家見識到他的人脈關係多麼有力！

第二型人習慣把焦點放在鼓勵大家說出內心的「祕密」。

「那時候你那麼沮喪，是什麼原因讓你都沒跟我們說呢？」

「有心事就說出來嘛，大家都可以幫你想辦法。」

「這件事是什麼時候發生的？你現在還好嗎？」

第二型人　傾向把自己定位在「啦啦隊」或「聯絡者」的角色，
常常會忍不住想要探聽團隊中每個人的感覺或想法。

第三型人：菁英份子

第三型人非常重視自己是否擁有真才實學；在職場上，第三型人通常表現得非常專業，一切以工作為優先。然而，如果真的沒有足夠的內涵，他也會想辦法營造出一種專業的形象來說服別人，就算要隱藏自己真實的感覺或刻意表現出某一種人格特質，第三型人都可以做到。

目標導向型的第三型人有時候會做出犧牲客戶或同事利益的選擇，只因為他太想要得分了。所以，許多曾與第三型人共事的人都會抱怨第三型人過於「功利、算計、現實」，甚至都有被欺騙或被出賣的經驗。其實，如果你知道第三型人為了成功連自己的靈魂都可以放棄時，也許你就能夠瞭解他在不擇手段背後的無感了。

由於要讓任務及時完成，第三型人會跳出來擬訂計畫、定下目標、定期檢查進度、督促大家前進。當任務遇到阻礙時，第三型人會變得非常沒有耐性，甚至會更用力地鞭策團隊，不讓大家有喘息的機會。

第三型人習慣用「目標」、「計畫」、「進度」等字詞來推動大家前進。

「我們應該往下進行了，還是你們有其他的問題？」

「因為你的請假，讓整個計畫被延誤。」

「計畫快完成了，這個時候我不希望大家有私人狀況。」

 傾向把自己定位在「菁英份子」或「激勵者」的角色，常常會忍不住壓迫團隊好讓自己嶄露頭角，或鞭策團隊往自己要的目標前進。

第四型人：邊緣人

第四型人很能夠同理別人的痛苦與掙扎。所以，當他的個人狀況良好時，他在團隊裡是一個支持者的角色，尤其當隊友或團隊遭遇挫折時，他會熱心幫忙大家度過難關。當第四型人的心思落在理性運作的面向時，他會把注意力放在整個團隊的運作是否流暢。直覺力超強的第四型人會嗅出團隊的氣氛，然後，幫助團隊解開心結。

不過，第四型人畢竟擁有藝術家敏銳又豐富的感情與自尊，他希望自己的才華是受到肯定與尊重的，同時，他也期待隊友們能夠回應他的情緒需要。因為，當整個團隊陷入低潮時，他也曾經很努力的幫助大家重振精神。

由於想要獲得大家的情緒回應，第四型人習慣分享或表現出自己的感受，同時，也很鼓勵大家說出真心話。尤其在團隊遭遇內部不和時，第四型人講求坦誠的特點將會被激發，此時的他會變得直接而且火力全開。

第四型人習慣以分享感覺的方式來支持或凝聚團隊。

「你有什麼話想說嗎？我們需要再多花點時間來討論一下嗎？」

「我覺得⋯⋯那你呢？你對這件事有什麼感覺？」

「這個議題就這樣結束了嗎？還有誰想說什麼？」

在團隊裡表現矛盾，有時候把自己定位在「邊緣人」，有時候又以「分享者」自居。他會忍不住想從團隊中抽離，但是，三不五時又想關心團隊的狀況。

第五型人：先驅者

第五型人向來以冷靜的態度與犀利的分析能力著稱，尤其當團隊遇到困境時，他通常能夠處變不驚的引領大家找到理性客觀的解決方案。其實，每個人都可以如第五型人一般臨危不亂，只要你能和他一樣不去理會焦慮的感覺。

所以，成敗都在切斷情緒。第五型人常常因為在公事上過於強調理性，不太理會感受的層面。缺乏同理心的結果，很容易造成另一方的感覺受傷，也就是「奇摩子」不爽而不願意配合。

由於很擔心團隊或個人資源被濫用，第五型人會很努力的幫助團隊檢視工作的流程，看看有沒有讓工作可以更精簡的空間。此外，第五型人喜歡當領路人，為團隊指出一個新的利基點或開啟一個新視野，這會讓向來冷感的第五型人感覺到熱血沸騰。

第五型人習慣把注意力放在團隊或個人資源有沒有被浪費使用。

「我這個禮拜的工作時間額度已經滿了。」

「工作這麼多，時間這麼少！我已經快窒息了！」

「我們應該要排出工作的輕重緩急。」

第五型人 傾向把自己定位在「先驅者」或「管理員」的角色，常常會忍不住想帶領團隊看到不同的高度或層面；或嚴格看管好寶貴的資源。

第六型：危機專家

第六型人對於潛在問題非常敏感，他永遠在思考「不確定性」會如何影響結果。因此，第六型人和第一型人一樣，常常在做檢討。只是，第一型人思考的重點在於「哪一種方法比較正確」；而第六型人的專注重點卻是「哪一種方法比較容易出狀況」。

因此，第六型人對於「潛在的」、「檯面下的」、「大家沒有說出口」或「內幕的」消息非常感興趣，他甚至會以此作為討論或判斷的依據。由於得不到「永遠不會出錯」的保證，第六型人也就變得矛盾與多疑，甚至失去判斷的能力。

由於要防止危機發生，第六型人只好加倍的小心，除了化解眼前看得到的危險外，他更擔心「尚未形成的問題」。所以，當第六型人嗅到危險的氣味時，他會著急想要確定事情是否如他所猜想的那樣，因此，講話的口氣就會又急又兇了。只是平時習慣了第六型人的親和力，隊友們對於第六型人的咄咄逼人會感到相當意外。

第六型人習慣用反覆質疑的口吻來確認你所說的是真相。

「你說的是真的嗎？真的是這樣嗎？有沒有可能你漏說了什麼？」

「你剛剛所說的有矛盾，你可以針對這個部分再解釋一次嗎？」

「你已經說完你想說的了嗎？」

第六型人

傾向把自己定位在「危機專家」或「提問者」的角色，常常會忍不住想要探究大家沒說出來的意見或潛在的問題點。

第七型：開心果

第七型人擁有鬼靈精的腦力與運動員的精力，最擅長帶領團隊做腦力激盪，從看似無望的絕路中另闢蹊徑。他就是有那種「語不驚人死不休」的搞笑毅力，你愈有反應，他的點子也會愈精彩。第七型人總是會把大家從不愉快的泥沼中拉到輕鬆的白雲端，和他一起天馬行空的遊戲五分鐘也好。

只是，總在找捷徑的第七型人很容易停留在好玩的事情上、或忙著發想各種省事的作法而忽略了實際的工作內容與期限。同時，不喜歡痛苦的天性讓他不容易停留在壓力下，以致於他習慣草草了事；或無法同理隊友們的壓力，過度放鬆自己而引起公憤。

由於不喜歡在凝重的氣氛下工作，第七型人會努力的在工作環境中製造樂子，或喜歡邀約下班後的休閒活動。此外，第七型人不喜歡例行公事或了無新意的工作內容，他會花腦筋想一些從來沒人用過或花俏的招數，讓工作本身變得更有趣。

第七型人習慣以輕鬆幽默的話語來化解沉重感或耍嘴皮子以逃避壓力。

　　「我相信週休三日會大幅提升我們的工作力，這樣我們就會是全世界最想挖角的團隊！」

　　「要是我們的客戶看到我們開會時的腸思枯竭，可能不敢再續約啦！」

第七型人：傾向把自己定位在「開心果」或「發想者」的角色，常常會忍不住想要打破苦悶氣氛，或提供源源不絕的點子與活力感。

第八型：老大

　　我個人認為與第八型人共事非常過癮，因為，他那種過人的精力與體力、高昂的鬥志與不輕易放棄的精神，連帶會激發隊友們一起挑戰自我的極限。健康度愈好的第八型人其實就像是團隊的守護者，他會看緊團隊內的權力分布，盡量保持工作環境的公平性。必要時，他會跳出來伸張正義與主持公道。

　　如果說第三型人像一顆鎖定飛機的飛彈，不達使命絕不罷休；那麼，強勢獨裁的第八型人就像一顆核彈，平時大家都會躲他躲得遠遠的，不小心爆炸時威力十足、常常傷及無辜，爆炸後大家要花更多的力氣去善後。

　　由於要成為有力量說話的人，第八型人相當投入團隊的運作，甚至自詡是團隊使命的守護者，為了團隊的目標而奮戰不懈。第八型人堅信領導者是團隊成功的關鍵，而這個位置非他莫屬。因此，當第八型人進入一個團隊中，可預期的將是一場權力大鬥爭。

　　第八型人習慣以直接點名對手或挑明直說的方式來展現自己的氣勢。

　　「我們需要好好檢討。小陳，你覺得我們哪裡需要檢討。」
　　「你是在威脅我嗎？」
　　「你有什麼不滿直接說！」

第八型人 傾向把自己定位在「老大」或「領導者」的角色，常常會忍不住想要幫團隊做決定。

第九型：和事佬

第九型人是絕佳的傾聽者，不論他是否有專心聽，至少他溫和的態度就讓人心生安定。第九型人不習慣堅持自己的立場，因此，他比較容易聽見不同的聲音，瞭解每個人的困難點。同時，他也傾向以別人的事情為重，因為，如果堅持先滿足自己的需要，似乎會引起大家的抱怨。

第九型人最不想聽到的就是別人對他的怒氣，所以，他乾脆就順著別人，省得還要花更多的力氣去道歉安撫。因此，第九型人容易給別人「好脾氣」的印象，或被抱怨不夠積極。實際上，他才不是你想像中的沒有脾氣，他只是在忍耐；而當第九型人消極處事的時候，應該是隱藏著很多的抱怨。

由於不想成為團隊的焦點，第九型人通常會降低發言的力道與頻率、盡量不提出額外的要求、想辦法配合大家。而當團隊內部出現不和時，第九型人「以和為貴」的理想性便會顯現。他會執著地想幫助兩方瞭解彼此，或勸導雙方多為對方設想，以期化解衝突。

第九型人習慣提供大量資訊，一來提供大家不同的觀點，二來減少發表自我意見的機會。

「綜觀所有的資訊，我們確實應該要擔心了。」

「大家的見解都有優缺點，我們應該要審慎思考才對。」

「如果大家都能夠彼此各讓一步，問題就好解決了。」

第九型人傾向把自己定位在「和事佬」或「傳達者」的角色，常常會忍不住躲在衝突後面當個傳話人就好。

Ⅲ 九型人的團隊表現

　　每一型人在團隊中都想扮演自己認定的角色，也都有自己預定的演出劇本。然而，一旦環境中出現挑戰既定劇本的變數時，有些人可以馬上換劇本即席演出；有些人可能腦海一片空白而停止運作；有些人甚至會惱羞成怒的拆台罷工。因此，先摸透每一型人在團隊中的演出劇本，可以讓我們在團隊出現NG時有比較寬廣的應變空間。

　　在本單元中，我將從三個角度來觀察九型人在團隊裡的演出劇本：

每個人都有明星夢

　　誰不想成為團隊裡的明星？誰不想在團隊裡發揮才華？然而，我在團隊輔導時最常聽到的抱怨有：「這個團隊與我當初想的完全不一樣！」、「我根本沒辦法發揮！」、「大家都只為自己打算……」等。許多隊員從一開始的熱血沸騰，然後慢慢的對團隊感到失望，最後只好敷衍度日，甚至抱著看好事的心態。這樣的歹戲拖棚當然只有慘澹收場。

　　因此，找出隊員對團隊的期待，然後不時強化他的認同；同時，掌握隊員的「人際接納度」，也就是他究竟適合獨腳戲還是大合演？這都是在組織團隊之初要考慮與布局的重點。

看懂他的起承轉合

一個團隊的養成必然會循環地經歷下面四個階段：

【起——新建期】這個階段的重點在於建立團隊目標、分配任務、與
確立領導模式。

【承——磨合期】因人格與價值觀的差異性而產生的衝突此時浮上台
面。因此，這個階段的重點在於協調，包括權力分
配與團隊認同。

【轉——重整期】經歷了衝突與協調，這個階段的重點在於重新調整
團隊運作模式。

【合——發光期】因為高度整合而使團隊迸發出超強的生產力。

如何幫助隊友們度過各個關卡並且在其中各展所長，是培養出一
個優良團隊的決戰關鍵。

打造最佳男女主角

如何讓團隊成為每一個人可以發光發熱的舞台，如何讓隊員們像
鑽石一般地各自閃耀卻又能夠照亮別人，琢磨與打亮璞玉的技巧是維
持團隊高效運作的祕密武器！

第一型人

【每個人都有明星夢——團隊認同】

◎要一個清楚又實際的目標

第一型人的理想性相當高,即使明知道遙不可及,他也甘願夸父追日。只要一談到設定團隊的目標與計畫,他馬上就會變得生龍活虎。一旦隊友間發生鬥爭或怠忽職守的狀況,他會感到非常氣憤,常常忍不住跳出來糾正大家,或乾脆離開這個團隊。

◎企盼有實力或肯努力的隊友

基本上,第一型人喜歡與團隊合作,前提是隊友必須是實力相當而且和他一樣盡責守分的人。否則,當第一型人發現整個團隊的能力不足而彼此的工作內容又無法切割時,第一型人會變得焦躁不安。其實,第一型人的耐性並不好,尤其無法忍受與沒有實力卻自我吹噓、或不努力求長進的人一起工作,因為,到頭來都是他得扛下原本不屬於他的責任。

【看懂他的起承轉合——發揮特質】

◎【起——新建期】搶著制訂規則

最讓第一型人著迷的活動莫過於畫分楚河漢界了,也就是「整理」、「歸類」、與「制訂遊戲規則」。所以,在團隊剛起步的時候,也是第一型人最感到英雄有用武之地的時刻。此時的第一型人不願意多花時間在建立人際關係上,他覺得做事遠比做人重要。

◎【承──磨合期】**以團隊目標為重**

　　當團隊裡有衝突發生時，第一型人會以「放下小我，完成大我」為目標去勸服大家。他會熱心的幫助大家尋找解決工作問題的方法，卻容易忽略了人際之間的心理轉折。因此，當第一型人興沖沖的自認幫助大家解決問題，卻發現大家因為心結而不願意合作，此時的第一型人會非常惱怒。

◎【轉──重整期】**急著改正錯誤**

　　第一型人的個性相當急，一旦發現問題，他就會急著想解決。只是，當他發現問題並不只是事情本身那麼單純時，他也不得不硬著頭皮去調解人事。只是，調解真的不是第一型人的專長，他習慣以指責的口氣來表達他的關心。所以，第一型人往往會因為求好心切，反而讓大家因為被指責而更不配合。

◎【合──發光期】**有進度才有衝勁**

　　除非達到目標，不然第一型人很難放鬆，因此，第一型人通常要等到有些許成果時，他才能夠稍稍鬆一口氣。所以，有進度才能激勵第一型人。為了不讓第一型人太快耗盡力氣，領導者應該幫助第一型人制訂階段性的目標，同時，鼓勵他定期休假。

【打造最佳男女主角──用心待人】

【與第一型人共事】

● 記得尊重他的貢獻。

● 他比較適合獨立作業。

● 拿出你的專業；如果你不夠精通，那麼請務必謙虛。

● 不要陷入對錯的爭辯，他會失去理智。

● 不要給他開放性或假設性的問題，他不擅常應變，他需要架構。

【與第一型人交心】

● 工作告一段落時，關心一下他的感覺。

● 當他失敗時，提醒他，失誤可以幫助我們下次更趨近完美。

● 不要讓他覺得你是一個很善變的人。

● 開誠布公是與第一型人往來的最好方式。

● 當他生氣時，幫助他釐清為了什麼不高興。

第二型人

【每個人都有明星夢──團隊認同】

◎要一個親近人性的目標

　　第二型人最關心的就是「人」，所以，他的工作熱忱是來自於能夠幫助別人或與人相關的議題。然而，第二型人必須先被放在團體中重要的位置或感到被領導者青睞後，他才會極力展現出對團隊的熱情。不然，第二型人可能會覺得自己的才能被掩蓋而四處抱怨，甚至在團隊裡散布離間的耳語。

◎期盼在融洽的氣氛中與隊友緊密合作

　　基本上，第二型人喜歡與團隊合作，前提是團隊的氣氛必須是友善融洽的，除了在工作上同心協力，隊友們私底下相處也如家人一般，甚至對他人的家務事也瞭若指掌。第二型人習慣詢問隊友的心情與感覺，因為他堅信，只有透過彼此關心與互相瞭解及支持，整個團隊才有可能往共同的目標邁進。

【看懂他的起承轉合──發揮特質】

◎【起──新建期】激勵大家為團隊貢獻

　　最讓第二型人感到活力十足的活動莫過於號召一群人共同為一個目標打拼。所以，幫助隊友們瞭解彼此與建立關係，並且協助隊友們克服問題，都是能讓第二型人感到非常有自我價值的工作內容。此時

的第二型人不僅會花很多的時間去瞭解隊友們，同時，他也想要快一點找到自己可以幫忙的地方。

◎【承──磨合期】鼓勵大家分享感覺

當團隊裡有衝突發生時，第二型人傾向以「安撫大家的情緒」為優先，所以，他會認真的搭起溝通的橋樑，尤其會鼓勵當事人說出內心的感覺。然而，如果是第二型的領導者，他則傾向用比較幽默的方式，例如講個笑話來轉移焦點。他希望起衝突的兩造能夠當場收起不愉快，快速恢復和諧而繼續工作。畢竟，處處強調為人考慮的第二型人，仍然是以達成老闆的任務為第一優先考量。

◎【轉──重整期】建立溝通管道

第二型人在這個階段將出現比較強勢的作風，他會要求建立一個固定的溝通管道或模式，讓隊友們平時就有機會分享彼此的感覺，以避免積怨過深的衝突。第二型人很在意人際關係是否融洽，只要人不合，第二型人自己就很難專心工作。所以，第二型人往往會因為太想要維持團隊良好的情誼，反而讓大家感到有壓力，因為有些人不喜歡公私不分的關係。

◎【合──發光期】西瓜偎大邊

當團隊進入合作無間的狀態時，第二型人的工作動力也會達到高峰。他會積極的去支援需要幫助的隊友，特別是團隊中的明星人物。第二型人是樂於提供援助的隊友，即使如此，他還是會忍不住地質疑自己是不是做的不夠多。所以，領導者應該幫助第二型人肯定自己的

付出，並且幫助他即時喊卡，以及讓平時只鼓勵別人分享自己卻不坦白的他，有機會說出心底話。

【打造最佳男女主角──用心待人】

【與第二型人共事】

● 跟他搏感情；他是人際導向型。

● 要說服他，找一個高位階的人去。

● 別被他親和的態度迷惑，堅持你的底線。

● 把工作上的批評包裝成來自朋友的建議。

● 溫暖的氛圍才能激發他的同理心。

【與第二型人交心】

● 避免就事論事，先從感覺談起。

● 當他表示他可以幫忙時，不妨試著問問他最近還好嗎？

● 除非你想要收服他為你做事，不然，不要讓他覺得你需要倚靠任何人。

● 說清楚你的需要與不需要，是與第二型人往來的最好方式。

● 當他又在攬下額外的任務時，提醒他，那些事情他真的都能做到嗎？

第三型人

【每個人都有明星夢──團隊認同】

◎要一個具體而且符合他利益的目標

第三型人最關心的就是「產值」，所以，他的工作熱忱是來自於能夠明確的估算有多少經濟效益，不然，他會有害怕做白工的焦慮感。此外，當團隊中出現人事不和時，第三型人會感到惱怒，因為，他不習慣也不想浪費時間去討論如何解決情緒的困擾。

◎企盼在積極的氛圍中與優秀的隊友合作

基本上，第三型人寧願與團隊合作勝過單打獨鬥，前提是隊友和他一樣有能力又願意看情況來調整自己。此外，在團隊形成之初，第三型人會積極的建立自己的形象─自信、專業、專注，以獲得隊友的好感與支持。同時，他也會努力地確認大家對團隊的目標是否認同、是否已經準備好了向前衝。

【看懂他的起承轉合──發揮特質】

◎【起──新建期】爭取大家的認同

最讓第三型人充滿幹勁的狀態莫過於團隊揚帆待發、全力迎向勝利的感覺。第三型人習慣為自己設定目標，然後努力不懈地勇往直前。在與團隊一起制訂目標時，他會技巧性的把自己的目標融入團隊目標。或透過鼓吹團隊目標來鞏固與強化個人立場與力量感。別忘了，第三型人最注重的就是自我包裝。

◎【承——磨合期】**埋頭專注工作**

當團隊裡有衝突發生時，第三型人傾向以「投入工作」的方式來掩飾他想「置身事外」的態度。重視效益的第三型人會從旁提醒大家：「在這種問題上花時間似乎太不值得了吧？」但是，他很少會主動跳出來解決紛爭。精明的第三型人會觀察，如果當他知道自己的「不出手」可能會造成更大的延宕時，他就會捲起袖子在最短的時間內讓大家恢復工作。

◎【轉——重整期】**期待大家回歸有效率的工作模式**

將整個團隊帶回生產軌道，第三型人其實還頗享受這個階段的工作，因為，迎向勝利的感覺又出現了。其實，第三型人平時是一個不錯的隊友，他的「不失禮」與「面面俱到」會讓周圍的人有被尊重的感覺。但是，只要一進入「競爭模式」，第三型人就會好像換了個人似的，全心只有工作上的輸贏。

◎【合——發光期】**激勵大家最後衝刺**

當目標在望，第三型人整個工作情緒也將沸騰。他會像一位拳擊教練一般地在賽場旁為拳擊手提供所有支援，同時高聲吶喊、加油打氣。然而，如果拳擊手失敗了，第三型人的扼腕與懊惱將可想而知。他最擔心的是，這一次失敗的紀錄是否會影響別人對他的專業評價。

【打造最佳男女主角——用心待人】

【與第三型人共事】

● 用結果來跟他談，他是目標導向型。

● 清楚畫分團隊中的位階，以免勾起他的競爭心。

● 公開讚美他。

● 他需要看到獎品；獎品愈大，鬥志愈高。

● 你跟他的私交再好，也不能搶他的功勞或風采。

與第三型人交心

● 提醒他，失敗是成長的燃料。

● 降低你與他的競爭關係，把對手轉移到團隊的共同敵人。

● 不斷給他肯定，幫助他加油打氣。

● 清楚告訴他你想要的結果，是與第三型人往來的最好方式。

● 讓他明確知道你真正看重的是什麼。

第四型人

【每個人都有明星夢——團隊認同】

◎要一個幫助人們實現自我的目標

第四型人是「情感導向」，凡事都要先與他的感覺能夠連結起來，他才能夠產生工作的動機與熱忱。而最能打動第四型人的莫過於「追求自我實現」、「追求工作之外的更高層意義」了。同時，第四型人對於那些身在痛苦中的人特別有同理心，會想幫助他們找到出脫痛苦的方法。

◎與團隊忽遠忽近

在團隊中非常容易觀察到第四型人喜歡玩「蹺蹺板關係」的習慣。第四型人喜歡給予團隊支持或享受一種真誠相依的歸屬感；但是，又想保有個人空間與浪漫的孤獨感。所以，他給隊友的感覺總是「難以捉摸」，不曉得現在的他是想靠近團隊還是想要一個人。因此，第四型人總是給人比較難以親近的印象。

【看懂他的起承轉合——發揮特質】

◎【起——新建期】專注在自己對團隊的感覺

第四型人習慣以自己的感覺來感受外在的環境，然後透過分析自己的情緒來解讀這個世界。所以，在團隊形成之初，第四型人的注意力幾乎都放在「自己對這個團隊的感覺上」，而不是如第二型人一般

的急著去認識隊友，或如第三型人與第一型人那樣迫切的想確認大家的目標是否一致。

◎【承──磨合期】**期盼真心對談**

當團隊裡有衝突發生時，也是第四型人內心激盪的時刻。因為，他期盼「大家坦誠面對彼此」的機會終於來了。第四型人企盼開誠布公但是不要人身攻擊的溝通方式，他理想性的認為，真心與誠實能夠帶來更緊密的結合。

問題是，第四型人本身很容易受到別人言詞的影響，即使他想要客觀，一旦別人的批評過於尖銳時，第四型人常常會內傷慘重而退到一旁，或情緒突然爆發然後馬上離開現場。

◎【轉──重整期】**希望在現有條件下，給予個人最大的尊重。**

「開誠布公的溝通方式」或「以減少妨礙個人性為前提」是第四型人在此階段最強調的部分。第四型人很願意遵守團隊規則，但是，也希望在不影響生產能力的前提下，允許某種程度的個人化。比方說，每天每人有自己可以安排的「獨處時間」、設定「溝通規則」、以責任制取代打卡等。

◎【合──發光期】**與團隊共進退**

此階段的第四型人真正的擁抱團隊，自隔於局外的情況將減少。然而，習慣看見不完美的第四型人比較無法全然享受成功的快感，他就是會執著在「沒有得分」的地方，而且傾向把「沒有得分」解讀成「失分」。因此，在團隊開香檳的時刻，你也許會發現第四型人的笑

容有點勉強，不要擔心，給他「凡事都要惆悵一番」的空間吧！

【打造最佳男女主角——用心待人】

【與第四型人共事】

● 想辦法讓他感受到在你心中的「特別性」。

● 營造談心的氣氛，讓他感受到你的真誠。

● 讓他獨力完成任務，會激發他更大的潛力。

● 給他清楚的方向與時限；讓他知道，再獨特的人也需要遊戲規則。

● 當他抱怨工作時，不要急著幫他出主意，而是先表現你的同情。

【與第四型人交心】

● 給他多一點的情緒空間，不要輕易被他的態度所惱怒。

● 幫助他回到當下，尤其當他又陷入自己的想像時。

● 當他不開心時，不必加油，而是要同理他的苦。

● 發現他的細膩，然後不著痕跡的讚美。

● 每次談話以一個正向的支持或美好的遠景為結尾。

第五型人

【每個人都有明星夢——團隊認同】

◎要確認這是一個自己能力所及的目標

第五型人習慣倚重自己的邏輯推理能力,甚至感到自豪。因此,在設定團隊目標時,他思考的重點是:「以我的或團隊的能力,這個目標是有可能達成的嗎?」第五型人並不喜歡盲目冒險,他必須先確定自己的備糧有多少。除非第五型人開始往陽光面的第八型整合,不然,謹慎低調仍然是他的風格。

◎喜歡獨立作業

第五型人向來視「建立感情」是一件累人的事,尤其在職場上,他更有「逃進工作」的傾向。不過,大部分的第五型人還是瞭解人際關係的重要性,因此,就算再怎麼不情願,第五型人還是會盡量表現出合群的態度。只是,如果人際活動過於頻繁,他喜歡避開人群的特質就會顯露出來了。旁人的注意或打擾,會嚴重影響第五型人的工作效率,因為,本性焦慮的他會忍不住思考:「對方到底要幹嘛?」

【看懂他的起承轉合——發揮特質】

◎【起──新建期】專注在自己設定的目標上

在與團隊一起建立目標之前,第五型人早在心裡想個透徹了:「這個團隊值得加入嗎?」、「我與這個團隊應該建立什麼樣的合作概念或模式?」、「我的專業在這個團隊裡可以如何發揮?」、「這

個團隊會遭遇什麼樣的潛在困難？有解決的方法嗎？」第五型人會不斷地分析推論直到他確認好自己的目標與策略。

◎【承——磨合期】**避開或裝沒事**

當團隊裡有衝突發生時，第五型人會感到一股強大的無力感而變得更沉默或更抽離。無力感來自於他必須強忍著被情緒攻擊的不安與焦慮。因為，第五型人從小就視情緒為洪水猛獸，他習慣對情緒不起反應；就算他真的有感受，他也不想與人分享。所以，第五型人會傾向躲開或假裝不知道有什麼不合。

◎【轉——重整期】**重燃工作動力**

當衝突塵埃落定，第五型人的活力就會再現。因為，當團隊需要重新擬定合作協議或計畫時，第五型人的深思熟慮就可以派上用場了，他更可以藉此機會表現自己對團隊的向心力，甚至願意承接更多的任務。第五型人傾向找他認定有能力的隊友合作，他重視真才實學勝過人際關係的好壞。

◎【合——發光期】**發揮專才，身心振奮**

只要第五型人對隊友的工作能力有信心，而且自己的專才能夠得到發揮並且受到團隊的肯定，那麼，在這個階段的第五型人將會出現前所未有的熱情與行動力。

【打造最佳男女主角──用心待人】

【與第五型人共事】

● 請把你的「要求」包裝成「請求」。

● 給他明確的準備時間,例如:三天後開會討論。

● 談公事就好,減少涉及私人生活的閒扯。

● 提供他全貌而非單一論點,他會給你更寬廣的視角。

● 清楚的指示與透明的決策是與第五型人愉快共事的原則。

【與第五型人交心】

● 鼓勵他交換點子。

● 撥時間討論他的想法。

● 邀請他的參與,而不是規定他加入。

● 對於他的工作成果要有回饋,不論是肯定還是建議。

● 建議他試試以別人的立場來看事情,也許會有不同的視野。

第六型人

【每個人都有明星夢──團隊認同】

◎要一個有大我又兼顧小我的目標

　　第六型人習慣依附在團體之下，他一定要先確定自己屬於某一個團體後，他才能安心的開始工作。因此，他會希望先確定好團隊的大目標，再來發展自己的小目標。但是，如果他發現隊友們缺乏團隊精神，比方說，只顧著個人目標的安排與發展，卻缺乏團隊發展方向的共識與熱忱，那麼第六型人會感到相當失望與不安。

◎在有團隊互惠的共識下各自作業

　　第六型人喜歡每個人有自己負責的部分，也就是各做各的，尤其是「反恐懼」特質強的第六型人會和第五型人一樣，要求很多的個人自主性。不過，不論是「反恐懼」或「順恐懼」的第六型人，都強調隊友們是否付出與他相等的心力、以及對團隊的忠誠度。

【看懂他的起承轉合──發揮特質】

◎【起──新建期】專注在弱勢隊友有沒有被公平看待

　　在團隊成立之初，第六型人通常會用心的在一旁觀察隊友們之間的互動與彼此的不同處，然後想辦法讓自己融入團隊之中。第六型人對團隊中比較弱勢的人會特別關心與示好，尤其當他感受到領導者或大部分的隊友忽略了少數人時。此外，第六型人對領導者有著矛盾的情結，一方面期待領導者的照顧而表現出服從的態度，一方面又擔心

領導者的能力不足而心有猜疑。

◎【承──磨合期】避開或強出頭的兩極化

當團隊裡有衝突發生時，大部分的第六型人一開始會先閃，因為他會覺得這是一個危險的狀況，最好不要被波及。但是，萬一他發現衝突中有不公平的狀況時，比方說，有人被冤枉或有人享有特權，此時的第六型人反而很可能跳出來主持正義。不過，由於第六型人的人格慣性之一是「質疑」，當他迫切地想確認別人的意思時，情急的口吻與態度反而常常是引起衝突的根源。

◎【轉──重整期】確保大家同心協力

希望大家能夠遵守團隊約定的第六型人，在此階段會非常熱心的緊盯著隊友們有沒有失信、大家是不是站在同一條陣線上。第六型人喜歡和團隊一起共患難；困難愈大，他的向心力也會愈大。

◎【合──發光期】看見且感謝隊友的個別貢獻

只要隊友們展現出高度的合作精神，第六型人友善與體諒別人的一面就會顯現出來。他會給予隊友們個別的肯定，即使面對之前有過衝突的隊友，第六型人通常會不計前嫌的先向對方示好。

【打造最佳男女主角──用心待人】

【與第六型人共事】

● 安全感、信任度、與支持，是與第六型人愉快共事的原則。

● 當他有疑問時，不要面露遲疑，要馬上給明確的答案。

● 先認同他的感覺或看法，不然，他會懷疑你是否可靠。

● 給他提問與質疑的空間，適時地提供某個對策來暫停他的擔憂。

● 保持一貫的聯絡熱度，不然他會猜測你是否有別的聯盟。

【與第六型人交心】

● 鼓勵他說出他的想法。

● 當他陷入思考膠著，透過提問與分析幫助他走出死胡同。

● 花時間討論他最擔心的事，同時，再花點時間描繪美好的願景。

● 給他一個期限，讓他明白遲早得做出決定。

● 常常讓他發笑。

第七型人

【每個人都有明星夢──團隊認同】

◎要一個令人興奮、充滿夢想與可以馬上進行的目標

第七型人最怕淌渾水，所以，他對於「要解決某個麻煩」的目標比較無感。相對的，對於有挑戰性與新鮮感的目標則會感到相當興奮，尤其是全新產品或外務較多的工作內容比較能夠激發他的工作動力。

◎組織架構愈彈性愈好

不喜歡被局限的第七型人尤其嚮往自由的與機動性高的工作模式。因為，如果做一件事要通過層層呈報，那不僅沒有效率，同時也澆熄了他當時一股腦兒的熱情。此外，第七型人喜歡與人共事，因為他需要有聽眾與玩伴。不過前提是，隊友間並非處在競爭的局面，而團隊也有民主表決的空間，領導者不是一言堂式的管理。

【看懂他的起承轉合──發揮特質】

◎【起──新建期】急著採取行動

第七型人習慣抓住大方向後就急著先採取行動再說。至於會不會慢慢修正，那是另外一回事。因此，在團隊成立之初，第七型人對於進度會相當在意，也會因為隊友琢磨太久而失去耐性，甚至因為隊友的工作步調與自己的不同而感到挫折。所以，如果你發現第七型人在開會時經常出現抖腳或一直變換坐姿，那麼他應該已經非常受不了目

前正在討論的主題，他覺得你們的動作太慢了！

◎【承──磨合期】**以幽默來降低問題嚴重性**

　　當團隊裡有衝突發生時，大部分的第七型人會先置身於渾水之外，尤其當衝突與他無關時，他的冷漠會更明顯。但是，如果衝突與他有關，第七型人會先以打哈哈的方式混過去或想辦法緩和不愉快的氣氛，希望大家笑一笑就過去了。然而，如果問題嚴重到不解決不行，那麼第七型人會生氣地把過錯都怪在對方身上，並且將自己的犯錯合理化。這也是為什麼許多人覺得第七型人很愛狡辯脫罪的原因了。

◎【轉──重整期】**規定愈少愈好**

　　除非新規定變多了或變嚴苛，危害到他的工作自由權，不然，多一事不如少一事的第七型人才懶得去管，因為，他自己的時間都不夠用了，他不會在意別人的權益受損還是受益。He doesn't care！

◎【合──發光期】**氣氛愈好，表現愈high。**

　　只要團隊氣氛充滿活潑陽光的感覺，第七型人就會活跳跳，包括他的點子與精力也會源源不絕。此外，為了讓自己的工作自由度不受阻礙，第七型人通常會願意花時間去經營與領導者的關係。如果領導者不領情，那麼，第七型人會乾脆我行我素。

【打造最佳男女主角──用心待人】

【與第七型人共事】

● 保持活力感、歡樂感、新鮮感，是與第七型人愉快共事的原則。

● 他需要變化，不妨讓他同時進行幾個任務。

● 把解決問題包裝成挑戰或新體驗來吸引他。

● 他適合發想，但是不擅長執行與處理細節。

● 他的工作效率屬於大起大落型。

【與第七型人交心】

● 小心他的過度樂觀。

● 愈到最後關頭愈需要緊盯他的進度。

● 當他出錯時，給他修正的時間與自主的空間，他的強項是想像力。

● 幫助他把注意與關心從自己移至周圍的人身上。

● 當他又有夢想時，不妨問問他想要如何達成。

第八型人

【每個人都有明星夢——團隊認同】

◎要一個有大格局的目標

第八型人的人格慣性就是要「夠強、夠大、夠刺激」。所以,小鼻子小眼睛的目標他不屑一顧,常常會鼓吹團隊瞄準更大的格局。但是,實際的第八型人不會痴人說夢,他會審視目標背後的達成性如何,要採用何種策略才可能達成目標。

◎喜歡「建立軍隊」的概念

基本上,第八型人喜歡單槍匹馬過關斬將的快感,能力不夠的隊友只是累贅。只有當第八型人想要組成一支自己的人馬,擴張競爭的條件,這時他才會願意合作。不論第八型人一開始有沒有想要爭取領導權,他「喜歡做決定」的習慣,就是會把他推進權力的中心。

【看懂他的起承轉合——發揮特質】

◎【起——新建期】領導或觀望。

除非第八型人對這個團隊的能力有所質疑或自己已經另有出路,不然,為了不讓別人指揮他,第八型人傾向先抓住領導權。向來喜歡影響別人的第八型人會主動帶領大家往他認為值得努力的方向走,他會積極地左右團隊的目標。此外,雖然第八型人喜歡由亂反正的秩序感,但是天生反骨的他沒辦法像第一型人那麼嚴守紀律。因此,組織規則如果太嚴密反而會讓他受不了。

◎【承——磨合期】**領導或身陷風暴焦點**

　　如果第八型人不是引起衝突的原因，那麼他會幫忙協調紛爭。然而，第八型人常常是引起團隊風暴的始作俑者，因為固執己見的他很少輕易妥協。不同於其他人討厭衝突，習慣直來直往的第八型人反而視衝突為解決問題的好機會，因為他覺得大家平時都不敢說出內心真正的想法，唯有透過直接衝撞，他才有可能聽到實話。

◎【轉——重整期】**強調公平性**

　　只要第八型人對這個團隊還有心，他就會努力地制訂各種幫助團隊公平運作的規定，保護每一個人的權利。即使如此，不喜歡受到規範的第八型人還是會習慣性的留下一些模糊地帶，而不是滴水不漏的限制團隊。

◎【合——發光期】**成果夠大他才會留下。**

　　如果第八型人認定自己的努力會有好的成績，此階段的第八型人將會野心勃勃的向前衝。然而，如果第八型人發現團隊的表現遠遠低於他的預期，或他的強項沒有受到應有的尊重，那麼他會趁早離開團隊，甚至離開公司都有可能。

【打造最佳男女主角——用心待人】

【與第八型人共事】

● 別怕他，你只要直接與勇敢的堅定你自己，但不必挑釁。

● 他習慣製造聲勢來嚇退敵人，要冷靜觀察他實質完成了什麼。

● 批評會挑起他強烈的防禦心；謹慎但誠實的給他建議。

● 把你的強度調到最高以配合他的強度。

● 他喜歡擠壓對手，堅守你的身體空間，先保護好自己的領土。

【與第八型人交心】

● 私下找他談，不要在公眾前挑戰他。

● 以其人之道還治其人之身：大聲或強迫地讓他聽見你在說什麼。

● 誠實、值得信任、堅定、尊重是與第八型人交往的原則。

● 讓他發現「不進攻」也可以很安全的與別人相處。

● 當時機合適時，與他談談內心的感覺或他的煩惱與牽掛。

第九型人

【每個人都有明星夢──團隊認同】

◎要一個明確而且大家都同意的目標

第九型人期望一個如大家庭一般溫暖而且齊心協力的團隊。因此,他希望每個人的意見都能夠被尊重,為了共同目標一起努力。尤其當團隊的目標與他個人的規畫一致時,第九型人的工作動力就會整個被喚醒。

◎團隊氣氛愈溫馨愈好

第九型人喜歡與團隊一起工作,但是,他也很享受獨立作業。其實,只要團隊氣氛融洽、每個人都能準時完成工作、而且不要突然分配額外任務或加重工作量,那麼,第九型人隨便怎麼被安排都好。

【看懂他的起承轉合──發揮特質】

◎【起──新建期】不想被拖延也不想有壓力

如果這次的任務是額外增加的工作內容,那麼第九型人很可能會一反平時配合的態度,從一開始就會心生抗拒,暗中著急原來的工作會不會因此被影響。然而,如果這次任務是第九型人的唯一工作時,那麼第九型人會暗自擔心會不會壓力過大。不喜歡壓力的第九型人常會用放空的方式來逃避眼前的不安。

◎【承──磨合期】想辦法協調或乾脆放空

當隊友間有衝突發生時,嚮往和諧的第九型人會先嘗試去說些好

話或打圓場。但是，萬一他發現沒什麼幫助時，第九型人通常會閃為上策。他可能會神遊放空、或找藉口離開衝突的現場、或自己想辦法排解壓力、或乾脆投身工作。當有人來找他訴苦時，他也會安慰兩句，不過，他不會主動去排解。

◎【轉──重整期】大家同意最重要

當大家達成協議時，第九型人通常是最感到鬆一口氣的人。第九型人的人格慣性就是要安逸與和諧，他都會因為害怕看到別人失望的表情而不敢拒絕別人了，當隊友起爭執時，他的神經緊繃程度可想而知。不過，如果此階段的協議不是來自大家投票，而是來自少數人的專權決定時，第九型人又會感到不安。因為他知道，這份協議一定會是下一次衝突的來源。

◎【合──發光期】氣氛愈和諧，愈能安心工作

這應該是第九型人最喜歡、最充滿動力、也是最能發揮的階段了。因為，第九型人最喜歡那種「大家一起努力」的感覺。第九型人是溫和的團體動物，他未必有多喜歡人群，但是，他喜歡大家和平相處互相守護；一旦有危險，就會團結起來一起抵抗外敵。

【打造最佳男女主角──用心待人】

【與第九型人共事】

● 不競爭也不指責，是與第九型人愉快共事的原則。

● 用刪去法幫助他釐清狀況，也幫助你瞭解他真正的意願。

● 他不是真的好脾氣，他只是在忍耐；給他抱怨的機會。

● 提供清楚明確的工作內容與指示，他不擅長自我發揮。

● 他需要有人幫助他排定工作的先後順序。

【與第九型人交心】

● 不要逼他，逼急了他只會敷衍你

● 他不習慣主動，他比較習慣配合。

● 幫助他回神。

● 當他感到不愉快時，幫助他分析為什麼不高興。

● 讓他練習做決定。

九型人格

leaders

領導篇

領導篇

Ⅰ 人格特質是提升領導力的關鍵

第一型
性格

第一型領導者:「我的任務就是要幫助團隊找到方向,然後激勵大家一起追求高品質的表現。」

第二型
性格

第二型領導者：「我的任務就是幫助隊友們找到自己的優缺點，然後支持他們邁向團隊的目標。」

第三型
性格

第三型領導者：「我的任務就是創造一個
自我激勵的工作環境，讓願意努力的人得
到他應有的報酬。」

第四型
性格

第四型領導者：「我的任務就是創造一個
具有啟發性的工作環境，幫助隊友們挖掘
工作的意義與熱忱，發揮個人潛力。」

第五型
性格

第五型領導者：「我的任務就是創造一個有效率的工作環境，透過研究、商議、計畫等縝密階段，幫助隊友們共同創造出智慧的結晶。」

第六型
性格

第六型領導者：「我的任務就是負責解決團隊遭遇的困難，同時，讓每一位隊友都能針對問題而有所貢獻。」

第七型
性格

第七型領導者：「我的任務就是創造一個
開放又充滿活力的團隊氣氛，幫助隊友們
能夠創新思考，以開發潛在的或最新的商
機。」

田徑最後衝刺...

加油!
加油!
加油!
加油!

第八型性格

第八型領導者:「我的任務就是要帶領團隊往前衝!同時,讓有能力的人得到最大的發揮。」

第九型
性格

第九型領導者：「我的任務就是創造一個固定的工作模式與融洽的工作氣氛，幫助隊友們達到既定的目標。」

高EQ＝高領導力

在我輔導過的眾多個案中，我發現，領導者的情緒管理能力愈好，他的領導能力也就愈高。還有一個重要的現象是，來上課學習九型人格學的領導者都向我反應，他們發現，自從開始進行身心靈整合之後，他們與下屬之間的隔閡感或緊張度也隨之降低。有些領導者更與我分享，他們在上課之後的人格變化雖然是漸進的，但是，整個身心靈的感覺卻是大逆轉，有重獲新生的震撼。

領導者的情緒管理能力應該要與專業能力同等重要，因為，一位領導者每天不僅要面對公司或上級主管的高要求、商場的詭譎多變與不可預測，當然，還有達到目標後的狂喜與振奮；自己本身的情緒高低起伏已經耗損不少心力。同時，領導者除了得跟一群和他一樣在沮喪、挫折、緊張、期待、興奮等情緒中翻騰的部屬一起工作外，還得克服自己的壓力與焦慮去帶領與激發部屬。所以，我認為要成為一位成功的領導者，一定要不斷地向上自我整合。

人格能載舟亦能覆舟

出色的領導能力是眾多優秀特質的綜合體，其中亦包括了九種人格的陽光特質：公平、溫暖、自信、真誠、分享、勇氣、彈性、堅定、沉穩。而劣質的領導也同樣呈現九種人格的陰暗特質：主觀、操控、自利、情緒化、封閉、恐懼、善變、獨裁、推託。人格特質是一體兩面的，關鍵點就在於自我整合的程度。

然而，如果我們缺乏自覺與自省的能力，當我們過度強調我們引以為傲的人格優點時，反而會不自覺地落入人格的陰陽魔界中；也就是太急切地想要表現好的面，這個「急切」常常會蒙蔽我們的判斷力，引發出人格中壞的面，進而影響我們的領導能力。

　　例如，一位重視理性與原則的第一型領導者，當他過度想要維護自己認定的原則與理念時，他很可能就會從客觀變得主觀，很難接受不同的觀點，讓團隊陷入一言堂或僵化的危機。而一位重視和諧與平衡的第九型領導者，當他過度想要維護不起衝突的現況時，他很可能會從寬容變得不作為，不願意去做大的改變，讓團隊陷入成長停滯的危機。

　　每位領導者都曾經或正徘徊在人格的陰陽魔界裡，你打算往上提升或向下沉淪呢？

Ⅱ 九種領導風格

第一型人：家長式領導 VS. 一言堂式領導

領導陽光面	領導陰暗面
強調公平	忽略個人化
強調品質	吹毛求疵
強調完美	無法忍受批評
強調程序	太拘泥於細節

【家長式領導──講求責任與品格】

極佳狀態 堅定的、良知導向的、力行不懈的、體諒別人的

第一型人從小就很會管理自己，尤其要符合長輩們的期望。成年後的第一型人在職場上同樣想把工作整理好以達到公司的標準。因此，身為第一型領導者的你尤其注重任務分配、成果檢驗、與責任歸屬。除了應有的專業能力外，你會特別要求部屬的勤奮態度。讓人服氣的是，你會讓自己成為部屬的典範；也就是不論你的標準有多高，你自己一定會做到。

此外，第一型人傾向把個人的品格表現與專業潛力畫上等號。所以，你也會特別看重團隊的守法性與部屬的品德。你期望部屬們能夠先各自做好分內的工作，行有餘力再去幫助隊友。對於不守職場倫理

而過度表現自我的人，第一型人通常內心不屑。

第一型領導者習慣以「反覆灌輸」的方式來教育部屬，因此，訓斥與教誨是在所難免的。你尤其愛以正統或典範來鞭策部屬。其實，有一位老師型的主管常常來提醒我們要潔身自愛、要努力改進，不也是一種職場福氣嗎？

【一言堂式領導──了無生氣與缺乏創意】

極壞狀態 死板的、苛責的、批評異議的

當身為第一型領導者的你太害怕做出錯誤決策時，你的政策可能就會讓部屬感覺綁手綁腳，甚至沒有發揮的空間，一切就按照以前成功的經驗就好。此外，即使你很希望部屬們有超越以往表現的進取心；然而，只要部屬們提出新的觀點時，你還是會忍不住的加以批評，甚至會嚴厲指責。如此，哪還有部屬願意找罵挨呢？當然就學會噤聲保身了。

第二型人：僕人式領導 VS. 特權式領導

領導陽光面	領導陰暗面
強調人際關係	差別待遇
強調同理心	很難拒絕別人
強調用心付出	期待回報
強調支持別人	看不見自己的困難

【僕人式領導──講求服務與照顧】

極佳狀態 溫暖的、員工至上的、成就別人的、坦白的

　　第二型人從小就很會察言觀色，尤其想要讓長輩們開心。成年後的第二型人在職場上同樣想把同事之間的關係搞好，以讓公司高層滿意。因此，第二型領導者尤其注重老闆對你的滿意度，以及部屬對你的擁戴。除了應有的專業能力外，你會特別要求部屬對他的向心力。讓人服氣的是，第二型領導者會盡力表現出那些你肯定的特質。比方說，你期望部屬能夠為公司賣命，因此會是那個最晚離開辦公室的人；你期望大家要互相幫忙，那麼你也會是那個主動提供協助的人。

　　此外，第二型人傾向把個人的人緣好壞與專業潛力畫上等號。所以，第二型領導者也會特別看重與其他部門的關係與部屬的公關能力。你期望團隊內部沒有難相處的人，大家應該互相照應。對於特立獨行或過於閃耀的人，你通常會想辦法讓他離開。

第二型領導者習慣以「照顧弟妹」的方式來與部屬互動，不論在公私領域你都樂於提供諮商與協助。當別人遇到挫折時，第二型領導者希望你是他人第一個想到要開口求援的人。因為，你的成就感來自於如何給別人正面的影響。

【特權式領導──差別待遇與交換條件】

極壞狀態 拍馬屁的、越界的、公報私仇的

當第二型領導者太害怕不被老闆或同事們喜歡的時候，你的大小眼就會出來了。對於那些貢獻少的或不那麼熱絡的部屬，你會比較冷淡，甚至公事公辦；但是，對於那些當紅炸子雞或平時和你一起吃中飯有交情的，你很可能就會禮遇或放水。此外，第二型領導者太急著想要「點燃別人」，常常會不自覺地過度干涉別人的做事方式或私人生活。而當部屬對你的提議表現冷淡時，驕傲的第二型主管就會新仇舊恨的把對方罪加一等了。

第三型人：菁英式領導 VS. 目標式領導

領導陽光面	領導陰暗面
強調成功	競爭心氾濫
強調效率	虛假
強調自信	對情緒沒有耐心
強調遠景	誇大不實

【菁英式領導——講求傑出與成功】

極佳狀態 高效率的、成功典範的、敬業的、寬大的

第三型人從小就很懂得透過表現自己以獲得大人的歡心。成年後的第三型人在職場上同樣想呈現自己最棒的一面，以贏得全公司的注目與掌聲。因此，第三型領導者尤其注重自己的形象以及整個部門給別人的觀感。除了應有的專業能力外，你會特別要求部屬的敬業態度。讓人服氣的是，第三型領導者對工作的熱忱與衝勁，以及你對追求目標的專注與速度，常常都是部門之最。我常覺得市面上所有教授領導力的書籍，都在鼓吹他人成為一位第三型人。

此外，第三型人傾向把個人的整體形象與專業潛力畫上等號。所以，第三型領導者會特別看重部屬「有沒有與職位符合的樣子」。因此，部屬們最好多多參考第三型領導者的穿著打扮與言談舉止，甚至把你當做典範來模仿，相信第三型領導者會樂在心裡的。

第三型領導者習慣以「僅止於公事關係」的方式來與部屬互動，

這不是說你不會參加下班後的聯誼活動，只是，你內心裡並不想讓別人瞭解你太多，因為，你會擔心影響到你的領導者形象。

【目標式領導──功利主義與缺乏誠信】

極壞狀態 不擇手段的、投機的、剝削的

當第三型領導者太害怕達不到預定目標或表現不夠優異的時候，你的算計心就會凌駕你的風度，而你的個人名聲也會超越團隊的利益。第三型領導者絕對是無條件擁抱公司目標的人，你不像第六型領導者會擔心老闆的可信賴度，也不像第四型領導者覺得談錢就俗氣；第三型領導者完全以公司利益為導向。此外，當第三型領導者稱讚別人的表現時，未必代表你喜歡他。因為，第三型人向來把私人感受放在工作之後。你可以忍受他所有的不好，只要他有高生產力。

第四型人：魅力式領導 VS. 情緒式領導

領導陽光面	領導陰暗面
強調極致	因幻滅而嚴厲抨擊別人
強調真誠表達自己	情緒化
強調靈感與熱情	容易感到無趣就放棄
強調理想	忽略現實

【魅力式領導──講求執著與熱情】

極佳狀態 內省的、表現自我的、追求卓越的、同理心的

　　第四型人從小總覺得大家都不瞭解你，你只好想辦法透過情緒、興趣、或其他間接的方式來表露自己。成年後的第四型人在職場上同樣想讓自己被大家瞭解，讓公司看到他的價值。因此，第四型領導者在職場上乍看之下會與第三型人很接近：講求效率、追求卓越，同時也是形象與品味的擁護者。不過，第四型領導者更重視部屬們有沒有找到工作背後的意義與熱情，而這通常不是第三型領導者的首要考量。

　　此外，第四型人傾向把個人品味與專業潛力畫上等號。所以，除了衣著打扮上，第四型領導者還會特別重視部屬對人生的見解或有沒有深刻的想法。因此，部屬們最好在工作之餘要好好充實內涵，第四型領導者很難拒絕有才氣的人。

不同於第三型領導者的不談私事與感受，第四型領導者期望透過與部屬的互動，找出你認為有特殊意義的線索，進而探究他的內心世界是如何的一個樣貌。你是一個細膩的人，同時也是一個需要大家注意或關心的人。所以，不要看你外表堅強得像一位沒有弱點的第三型人，第四型領導者的內心其實充滿情感。

【情緒式領導──孤注一擲與不願忍耐】

極壞狀態 情緒不穩定的、不溝通的、極度緊繃的

當第四型領導者太害怕夢想不會如你所預想的方式實現時，你那「寧為玉碎、不為瓦全」的心情有可能會讓你變得如浴火鳳凰般的決斷與悲情。你一方面聽不進別人的建言，一方面又不願意扯下面子妥協或認輸。在緊繃的情緒面臨崩潰的臨界點時，第四型領導者有可能讓自己與工作一起掉落懸崖。

第五型人：開明式領導 VS. 閉鎖式領導

領導陽光面	領導陰暗面
強調分析	抽離
強調洞見	偏離
強調專業	獨尊與偏執
強調計畫	忽略人際

【開明式領導──講求創新與精確】

極佳狀態 鼓勵發想的、不設限的、精準的、充滿野心的

第五型人從小就發現大人的情緒是造成你不安全感的來源，因此，你常常躲進書本或其他有趣的活動裡，以避免被情緒影響。成年後的第五型人在職場上同樣想找一個安身之所。不論是在專業領域或具體的辦公室環境，你都要有一個「屬於自己的天地」。如果沒有，你會想辦法讓大家刮目相看，以期贏得應有的尊重。因此，第五型領導者尤其注重真才實學。你寧願部屬發問或勤找資料，也不希望不懂裝懂的半調子。

此外，第五型人傾向把個人情緒管理能力與專業潛力畫上等號。所以，第五型領導者會特別觀察部屬的「臨場反應」；一個沉得住氣又懂得收斂光芒的人比較能贏得你的好感。不過，第五型領導者因為過度想保持冷靜，很容易給部屬「冰冷或難以親近」的感覺。所以，

如果能夠讓自己多一點「人情味」，第五型人的領導能力將更上一層樓。

第五型領導者習慣幫部屬抓出大方向後，就讓大家各自單飛。你通常不會限制部屬的發想與執行方式，甚至鼓勵大家打破既有的認知，找出創新的觀點或作法。一般來說，部屬們很樂於追隨第五型領導者，因為，你不僅眼光精準，而且會把手邊的資訊或資源發揮到最大效用。

【閉鎖式領導──控制資源與缺乏溝通】

極壞狀態 祕密的、吝嗇的、疏離的

當第五型領導者太害怕達不到既定目標時，你會全心投入工作，並視人際交流為延誤進度的障礙。此時的第五型領導者會出現孤僻的特質，做任何決定不太會找部屬討論或溝通；就算宣布決策時，也不會顧及大家的心情與感受。當第五型領導者感到不安全時，他會封閉手中的資源，不讓別人有機可乘。同時，你也會一反自由作風，變得處處提防部屬，所有權力你都一把抓在手上。

第六型人：師徒式領導 VS. 焦慮式領導

領導陽光面	領導陰暗面
強調責任	過度順從或反抗權威
強調危機處理	防禦心過高
強調合作	厭惡立場模糊
強調策略性	無止盡分析

【師徒式領導——講求支持與誠實】

極佳狀態 忠誠的、體貼員工的、一視同仁的、自信的

　　第六型人可以說是九種人格裡面最多面向的人格類型。你從小與父母的互動就出現矛盾的特質：有時候聽話順從，有時候又帶頭作亂。尤其當父母經常出現不合理的高壓管制時，最容易讓原本聽話的第六型小孩產生反抗心。成年後的第六型人對於濫用權力的權威特別反感，對於團體中的弱勢份子也就特別關心。除了應有的專業能力外，第六型領導者會特別要求部屬的團隊合作精神。讓人服氣的是，一位人格健康的第六型領導者對於部屬相當照顧，更會以身作則的主動維持部門正義。

　　此外，第六型人傾向把個人對權威的忠誠度與專業潛力畫上等號。所以，第六型領導者會特別看重部屬「有沒有把領導者的權益放在第一位」。你可以容忍部屬的不同意見，只要部屬的出發點是為你

考慮，他會感動在心的。

　　不需要特別遭遇壓力，第六型領導者平時就會呈現出「逃避壓力」與「突然勇敢」的兩極化表現。所以，部屬們必須認清第六型領導者的「矛盾」特質，反覆是必然的。盡量避免因為你的朝令夕改而心有不悅，你對於別人內心的負面情緒有絕佳的覺察力。

【焦慮式領導──懷疑主義與缺乏信心】

極壞狀態 自我打擊的、質疑的、反覆的

　　當第六型領導者太害怕達不到預定目標而必須扛下巨大責任時，你的焦慮與懷疑就會凌駕他對部屬的信任，甚至掩蓋住領導者應有的遠見與胸襟。第六型領導者最常出現的負面態度就是「質疑」，在自我懷疑與懷疑他人的雙重焦慮下，你容易把責任推諉給部屬，或指令含混讓部屬自己做最終的決定，屆時萬一出錯時你便可以逃避責任。

第七型人：扁平式領導 VS. 放任式領導

領導陽光面	領導陰暗面
強調想像力	決策粗糙
強調熱情	對負面回饋反應過度
強調多功能	缺乏方針
強調投入	規避細節或麻煩

【扁平式領導──講求信任與授權】

極佳狀態 分散權力的、靈活變通的、高昂的、精簡的

　　第七型人從小就很古靈精怪，十分懂得在大人對你的要求與疼愛之間遊走；你會不斷地試探大人的底限，看看自己可以放縱到什麼地步。成年後的第七型人在職場上同樣會想試探自己在這家公司裡的自由空間到底有多大。因此，第七型領導者通常不喜歡照著公司的規定走，只要一有機會，你就會想要試探老闆的容忍度。除了應有的專業能力外，你會特別要求部屬的靈活度。因為，第七型人通常沒有什麼耐心，你希望部屬能夠跟緊著他的思維，隨時幫你把腦海裡的點子落實成可以獲利的產品。

　　此外，第七型人傾向把個人的活潑感與專業潛力畫上等號。所以，第七型領導者喜歡你的部屬有熱情的回應；當你興奮地提出一個點子時，你會期望從部屬的眼睛裡看到夢想的火花。因為，當別人對

你的想法產生高昂的反應時，第七型人的創造力會更充沛。

第七型和第六型的領導者對權威都相當敏感，只是第七型領導者對抗權威感的方式就是乾脆把權力下放，不讓少數人握有過多的權力；同時也把責任分散。當然，這與第七型人本來就不喜歡扛太多責任的個性有關，但是，分權的領導方式能夠有效提高組織的應變力與效率。

【放任式領導──無所依從與各謀其利】

極壞狀態 陽奉陰違的、好大喜功的、取巧的

當第七型人發現進度嚴重落後或計畫運作不如預期時，你想要逃避麻煩與明哲保身的性格慣性就會凌駕他的領導者義務了。第七型領導者最常出現的負面態度就是缺乏耐力，只要一次、二次的挫折，你就會開始思考另起爐灶而不是解決問題。因此，部屬得經常接手新任務，但是可能進行到一半時又腰斬中斷。

第八型人：戰鬥式領導 VS. 獨裁式領導

領導陽光面	領導陰暗面
強調直接與速度	控制欲
強調不放棄	壓迫部屬
強調作戰策略	暴怒失控
強調魔鬼訓練	冷血

【戰鬥式領導──講求速度與戰鬥力】

極佳狀態 有威望能服眾的、奮鬥的、淬練的、有謀略的

第八型人從小就懂得運用意志力來贏得他想要的東西，甚至是大人的妥協。成年後的第八型人在職場上同樣想發揮自己強大的意志力來震懾對手。因此，第八型領導者尤其堅持自己的想法，絕不讓任何人來左右他的意志。除了應有的專業能力外，你會特別看重部屬的膽識與野心。第八型領導者絕不滿足於聽話的部屬，你要的是能打仗的軍隊。

此外，第八型人傾向把個人的受壓力與專業潛力畫上等號。所以，第八型領導者特別在意部屬「有沒有願意承擔更多責任的勇氣」。因此，在第八型人手下做事，務必抱持「多做就是多磨練，被罵就當是吃補」的心態。第八型領導者也許做人風格大剌剌，但是，對於部屬誰做得多誰做得少，你可是了然於心。

部屬一般都不敢靠近第八型領導者，因為沒人忘得了你暴怒發飆的兇狠模樣。其實，第八型人的內心裡也有柔軟的一面，只是為了保持強人形象，你不會輕易讓部屬看見他私底下的天真。

【獨裁式領導──高壓專制與缺乏人性】

極壞狀態 打壓的、犧牲別人的、羞辱別人的

　　當第八型領導者感到不安全時，你的第一個反射動作就是責罵部屬。而當第八型領導者太害怕自己即將被擊倒或被取代的時候，你的攻擊力就會凌駕他的人性。第八型人喜歡掌權，所以，當情況變得惡劣，你只會把權力握得更緊，鞭子抽得更凶，部屬被壓榨得更厲害。

第九型人：家庭式領導 V.S. 消極式領導

領導陽光面	領導陰暗面
強調以和為貴	不作為
強調融合與支持	沒有威權感
強調細水長流	看不見重點
強調一致性	猶豫不定

【家庭式領導──講求和諧與同心】

極佳狀態 懷柔的、穩定向前的、圓融的、不卑不亢的

第九型人從小就懂得以柔克剛的面對大人的勢力。成年後的第九型人在職場上同樣想以包容與等待的方式來迎接公事與人事的挑戰和衝突。因此，第九型領導者尤其重視部門內的和諧氣氛以及與其他部門之間的融洽相處。除了應有的專業能力外，你會特別重視部屬的低調作風與合作態度。因為第九型人本身就一直在抹滅自己的威脅性，所以，你也不希望部門裡有太高調的部屬。他最欣賞的就是和他一樣默默做事的人。

此外，第九型人傾向把個人融入團隊的能力與專業潛力畫上等號。所以，第九型領導者會特別看重部屬「有沒有符合團隊的文化」。第九型領導者期望部屬們能夠如家人一般的凝聚在一起，為了共同目標而努力。因此，你也會竭力扮演好大家長的角色，盡量幫助

部屬們發揮天賦，而不是把部屬當作棋子來使喚。

第九型領導者習慣以「親民」的方式來與部屬互動，所以，你通常會熱心支持部門內的活動。你也許不會現身，但是你一定會以某種形式來表現你的誠意。溫暖具人情味的氛圍是第九型人最嚮往的工作環境。

【消極式領導──不做決定與不肯改變】

極壞狀態 固執不變通的、拖延的、恐懼的

當第九型領導者必須面對來自各方不同的意見或壓力時，你內心的焦慮感將會撼動你賴以維生的平靜，讓你變得難以抉擇而停滯不前。尤其當自己的部門與別的部門出現衝突時，第九型領導者祈求和平而委屈讓步的作風，可能會讓部屬感覺到不被保護而失去對你的尊重與信服。

III 九型人的領導盲點

　　每一型的領導者或多或少都會因為自我性格的限制而影響決策思維，把焦點放在他習慣關注的議題上，對於他不常思考到的面向則會相對忽略。比方說，當團隊表現不如預期時，注重原則與自動自律的第一型領導者可能會先審視是不是工作流程與指導不夠明確？相對忽略了激勵士氣的重要性。而重視工作愉悅氣氛的第七型領導者，則可能努力的提振部屬的工作興趣，相對忽略了是不是管理過於鬆散。

　　在本單元中，我為領導者規畫了三個省思點：

透視你的決策習慣

　　你知道你容易被什麼訴求打動嗎？每位領導者在做決策時都自認為是理性掛帥，但是，人格慣性會用「你相信的真理或你最擔心的事情」來混淆你的判斷。比方說，注重和諧的第九型領導者容易被「符合部門的期望」所打動；而對權威愛惡交織的第六型領導者則會輕易被「老闆的不明意向」所干擾。

避開你的領導黑洞

　　你知道你的性格優勢為你帶來什麼隱憂嗎？物極必反。當我們過度使用性格優勢時，它反而可能成為我們最大的缺點。比方說，當第

一型領導者過度追求完美時，很容易讓部屬們感到被苛責或受挫。

逆向操作贏得人心

　　你知道你只需要把個性做局部調整就會有事半功倍的效果嗎？其實你只要「忍住個性不發作」，事情就會緩和許多。如果，你願意再花點力氣逆著個性操作，那些你一直認為很難改變的事情，都將因為你打破了性格慣性而出現意想不到的變化！職場好修行正是此意！這裡談的不是改造你，而是鼓勵你嘗試一些不一樣的想法與作法，持續做一陣子，敞開心胸看看有什麼變化。

第一型人

透視你的決策習慣

◎為美好而戰的迷思

在面對輸贏的同時，第一型人更在意的是理想性。你嚮往真善美的世界，為了美好、公平、與光明，你會毫不猶豫地起身奮戰。第一型人常常在思索這些問題：「這個計畫能為誰帶來福祉嗎？」、「這麼做能夠提升團隊的水準嗎？」、「真的要為了進度而犧牲品質嗎？」當第一型人被「為了更美好而戰」的光環所吸引的同時，別忘了檢視付出的代價是什麼？

◎前車之鑑的迷思

在面對守成或改革時，第一型人更在意的是有無前例可以參考。因此，你比較難做出大刀闊斧的改變，除非有人曾經這樣做，而且成功了。尤其當新的抉擇與你內心既有的標準不符時，或從來沒有人這麼做過時，你通常會莫名地排斥它。此外，當有人挑戰你的標準時，你會義憤地搬出一套前人的經驗來說服別人嗎？如果是，也許你應該找個時間好好檢視那套說法真的是唯一嗎？

◎不能出錯的迷思

在面對決策的當下，第一型人更在意的是自己選的正確嗎？這正是第一型人不容易放鬆的最主要原因。因為，一個選擇的對與錯是沒有絕對的。而要求完美的你就算已經做出無法改變的決定，你仍舊會忍不住反省：「我的決策正確嗎？」當然，適當地檢討與改進是美

德，執著於對錯而造成決策延宕就是一種失策。

避開你的領導黑洞

◎高表現卻讓別人很有壓力

第一型領導者傾向為團隊制訂一套嚴謹的工作流程與檢核標準，然後親自與團隊一起執行；也就是你會公平的要求自己與部屬一致，不享有特權。然而，求好又勤勉過人的你會自我鞭策奮力達到要求，而部屬們則依能力與努力的意願去盡量達到。只是，即使第一型的你沒有要求部屬一定要和你一樣一百分，但是，那些九十分、八十分的部屬長期下來很可能會感到挫折。因此，清楚合理的制訂團隊與個人的目標，可以讓你的部屬不至於被追求完美玩完。

◎高標準卻讓讚美變得稀有

第一型人很難讚美別人，因為，連你自己都達不到自己的標準了，何況是自我要求都不如你的別人？你可能覺得沒有開口批評就是一種讚美了，的確，不少第一型領導者都分享他們一直在練習「忍住不開口」。但是，對其他人來說，不讚美也是一種批評。當然，要高標準的你隨口讚美實在太為難，但是，如果偶爾一句讚美可以激發出部屬更大的工作熱情，那何樂而不為呢？

◎高要求卻讓自己燃燒殆盡

第一型領導者最讓部屬佩服的地方就是孜孜不倦的工作態度。你不會偷懶、更不會埋怨，你總是比部屬做得更多、更晚下班。其實，你對自己的要求常常高過對部屬的要求。因此，對於別人的負面批

評，你也會特別敏感，因為，你認為自己已經做得比其他人好太多了！別人沒有立場來論斷你。問題是，許多時候批評只是建議，而且並非針對你，只是過於自我要求的你傾向把自我價值與工作本身連在一起了。

逆向操作贏得人心

◎放輕鬆

第一型人最大的挑戰就在於你能不能讓自己少一點嚴肅，多一點幽默感。帶幾個你喜歡的小物來布置你的辦公桌、email幾則笑話與大家分享、偶爾請大家吃甜點（點心是最能讓人放鬆的武器！）、想批評的時候先微笑5秒鐘……總之，幫助自己成為一個能夠開得起玩笑的人吧！

◎放精明

品質很重要，但是對公司來說，時間就是金錢。每當你又忍不住想批評、想重做、想喊停的時候，不妨問問自己：「現在這個階段，對公司來說，究竟做對比較重要？還是成效比較重要？」

◎放手吧

在某些情況下，100分與99分真的不會造成太大的差別。所以，適當的把你手邊的工作分配出去吧！給自己時間喘口氣，這樣你才有更多的時間與體力去應付更值得的任務。

第二型人

透視你的決策習慣

◎好人緣的迷思

在面對規定與效率的同時，第二型人更在意的是人際關係。你希望自己對別人有不可或缺性，當部屬或同事有工作的問題、甚至是私人的困擾時，他們會第一個來聽取你的建議。第二型人常常在思索這些問題：「我這麼做對他（某位特定的人或部門）有什麼影響？可以幫助他達到什麼？」、「真的要為了規定而犧牲人性嗎？」、「某人有今天的成功我應該算是有點功勞……」當第二型人被「為了讓自己更受歡迎」的光環所吸引的同時，別忘了檢視付出的代價是什麼？

◎大人物的迷思

在面對表態支持或反對的同時，第二型人更在意的是擁有權力者的意見。因此，你容易被貼上「老闆的應聲蟲」的標籤。相同的建議，老闆說了就是高瞻遠矚，換成其他人提出來則可能變成有待商榷。同樣的，當有人把你當成「權威來源」去感激與崇拜時，甚至強調為了你而做出「特別個案處理」時，你會很容易被打動。

◎人情的迷思

在面對決策的當下，第二型人更在意的是這麼做有沒有虧欠了誰？或會不會得罪人而被討厭？這正是第二型人最大的決策盲點。因為容易被直覺或主觀印象所主導的你，比較不習慣去思考客觀的環境

與條件，而是被事件中的「人」所左右。因此，當你遇到狀況時，不妨嘗試先把人的因素拿掉，包括別人對你的觀感與你希望對別人產生的影響等，而是純粹就事論事的去思考如何解決問題。

避開你的領導黑洞

◎過度幫助卻製造依賴

第二型領導者傾向盡力幫助團隊裡每一個人，你希望部屬們從你的辦公室走出去時，能夠比來找你之前多一點點愉悅感，多一些些工作動力。第二型領導者喜歡傾聽部屬的心聲，同時幫助對方加油打氣。如果遇到能力不夠的部屬，只要你仍然看好他，你通常會主動伸出援手，幫助對方完成工作。然而，喜歡被需要的你雖然頗享受救火成功的感覺，但是有些性格比較被動的部屬卻很可能從此依賴上你的協助。因此，你必須拿捏好出手的尺度，同時，覺察到自己內心想要被別人依靠的欲望。

◎過度幫助卻增加自己的負面情緒

第二型人很難拒絕別人，因為，內心自認為是一個好人的你，不得不先滿足別人的需要再說。因此，你常常忙於排解部屬的疑難雜症，卻大幅壓縮了自己的工作時間。加班是第二型領導者常出現的現象，只是原因不見得是工作量太大，而是你總是在上班時間忙著別人的事。然而，如果被幫助的人有適時地回饋給你，你尚且還能平衡一下；最怕的是對方對你的付出輕描淡寫或忘記感謝，你內心的不甘心就會急速上升。暗嘔在心的結果常常讓你的工作熱情受影響，同時，

同時，不滿的情緒也在等待機會發洩。第二型人的歇斯底里也是不容小歔呢！

◎過度幫助卻讓自己看不清內心需要

第二型領導者最讓部屬佩服的地方就是用心帶人。你會把部屬當成一家人或好朋友來對待，因為，你希望自己在對方的職場生涯中有一個歷史位置。不論你是否意識得到，能夠幫別人做得愈多，你內心的自我價值感或自我補償感是愈高的。問題是，幫別人做得愈多，並不代表你的需要獲得解決。下次，當你愈熱心在別人的問題上時，不妨反問自己：「我有哪裡不滿足嗎？我在逃避什麼嗎？」

逆向操作贏得人心

◎說不

第二型人最大的挑戰就在於你能不能少管別人一點，多花一點時間在經營自己的生活。回想一下，你有多少次因為不好意思拒絕額外的工作託付而犧牲自己的私人時間、健康、與家人相處的時光？甚至曾經因為做太多反而被人抱怨他們感到有壓力？為你的付出定下額度，「奇貨可居」的道理你應該懂得。

◎說請你靠自己

領導者和老師一樣，主要的功能是指引與鼓勵，而不是接手幫忙做功課。當部屬又賴著你找答案時，不妨提醒自己：「給他魚，不如教他釣魚。」給部屬多一些自主權，幫助部屬獨立思考與作業，而不是成為你的應聲蟲，他會真正感恩你一世人。

◎說謝謝你

你的耳根子其實很軟，對於那些懂得奉承或討好你的部屬，你很容易偏心。而那些會挑戰你的觀點的部屬，你會主觀地全面否定他，甚至沒有好臉色。試著對那些讓你不舒服的人心懷感激吧！因為，沒有他們的存在，如何顯出你的大器？

第三型人

透視你的決策習慣

◎高效率的迷思

在面對品質與風格的同時，第三型人更在意的是效率。你希望以最短的時間獲得最大的成功。如果中途遇到問題，你不會像第一型人那般執著於找出「完美解答」，也不會像第五型人那樣沉溺於思考「為什麼」，你傾向趕緊找一個替代方案，然後快一點上路。明快高速是你的作風，你傾向直接切入底線談條件。你不會一味壓榨對手，雙贏局面才是你的訴求。第三型人常常在思索這些問題：「我要怎麼做才能快一點完成任務？」、「真的不能再快一點嗎？」、「誰不勝任，就換掉誰……」當第三型人被「快速成功」的光環所吸引的同時，別忘了檢視付出的代價是什麼？

◎目標導向的迷思

在現實與夢想的對決時刻，第三型人更在意的是究竟有多少好處。不必跟你畫大餅，因為你不是容易受蠱惑的人；但是，你絕對要先「看到牛肉。」然而，大成功是需要大冒險的。因此，如何讓自己具有遠見而不淪於急功近利，甚至短視，這是第三型領導者的必修功課。

◎面子的迷思

在面對決策的當下，第三型人更在意的是面子。與面子相關的是：輸贏、場面、引起別人的羨慕程度等。你不一定要獲得別人的喜

愛，但是，你渴望自己的能力或表現能夠贏得別人的羨慕與尊敬。第三型人是面子的奴隸。為了面子，你只好追趕名利；但真正被追趕的是你自己。

避開你的領導黑洞

◎求勝心切卻變成工作機器

第三型領導者大多是公司的菁英份子，事業有成，因為你很懂得掌握機會，更願意自我調整以適應公司文化。老闆的肯定與大家的稱羨掌聲就是你的工作糧食；掌聲愈大，你的動力也就愈強。然而，當你為了追求事業顛峰而犧牲個人生活時，你的部屬與家人們卻未必擁有相同的人生觀，他們很可能會抱怨你剝削了他們的人生。有不少事業成功的第三型領導者常感嘆「高處不勝寒」，事實上，是內心的空洞感讓第三型人覺得孤單。只可惜你通常得花一段很長的時間才會領悟到這一點。

◎求勝心切卻變得沒人性

第三型人很難去做看不到實際報償的事。因此，你會很難認同你為何要花時間去安撫部屬的情緒，尤其當這個情緒是來自他們的私人生活。畢竟連你自己都不想花太多力氣在探究內心感受了，更別提去瞭解別人的心靈苦衷。第三型人只有在情況需要時才會去理會情緒這檔事。比方說，當你想拉攏與部屬的關係時，你會變得善解人意又百般關心。然而，當你全心在工作時，你的溫暖與體貼都不見了。這樣的轉變必然會讓你的部屬詫異，但是久而久之，他們也就看穿你的親

和只會展現在工作需要上，你真正在乎的只有工作。

◎求勝心切卻是感情殘障

第三型領導者最讓部屬佩服的地方就是自信與幹勁。你很少承認失敗，就算有失敗的經驗，你也會告訴自己與大家那是一次「很棒的學習經驗」。的確，第三型人會激勵自己從錯誤中學習，然後不再重蹈覆轍。不過，如此抗拒並否定軟弱面的性格特質，很容易造就情感面的麻痺。第三型人當然有感受與情緒，只是，除了「丟臉的感覺」很熟悉外，其他的負面情緒你通常就以「感覺不舒服」一語帶過。你不擅長、也沒有興趣去分辨情緒，更遑論同理別人的感受。但是，辨識情緒是培養同理心的基礎，而同理心更是成為優秀領導者的必要條件。當你下次感到無法專心工作的時候，不妨來一次自我探索。寫下你當時的感覺，是義憤還是羞惱？是挫折還是沮喪？

逆向操作贏得人心

◎把競爭心擺一邊

第三型人最大的挑戰就在於你能不能收斂一點競爭心，多一點合作態度。第三型人總是不自主的把別人當競爭對手，凡事都想要佔上風。其實，除了輸與贏，還有一種境界是「不輸」。領導者當重氣度，而非小名小利。領導者愈敵開愈大度，團隊的潛能更會發揮。

◎把面具擺一邊

第三型人就像一個驕傲的小孩，總是想向大眾索討掌聲。下次當你又忍不住使盡渾身解數想要讓某人對你有良好的印象時，不妨提醒

自己：「我非得要這麼做別人才會注意到我嗎？如果我什麼都不做，就沒人注意我了嗎？我現在為什麼一定要別人注意到我？」

◎把工作目標擺一邊

第三型領導者很容易過度強調成果而忽略了團隊感情，而團隊感情正是凝聚團隊的最佳力量。拿出你追求效率的精神吧！把部屬的感受與情緒變化納入你的管理範圍內，每當你宣布一個決策或目標時，看看部屬們的反應如何？如何做最能夠激勵他們？

第四型人

透視你的決策習慣

◎感覺主導的迷思

在面對優與劣的判斷時，第四型人更在意的是感覺對不對。尤其是對於你有強烈感覺的議題，你會不自主的被內心的感受或喜好所影響。第四型人對於客觀立場或聽取別人的意見不是那麼熱衷，你傾向往內心尋找線索。整個決策過程，就像是一場私密的自我探索；你會不斷地自問自答，直到你找到你要的答案為止。第四型人常常在思索這些問題：「我在這件事情中能找到我要的感覺嗎？」、「這件事情的背後還有其他更深層的意義嗎」、「如果是我，我會怎麼反應？」當第四型人被「這就是我要的感覺」的光環所吸引時，別忘了檢視付出的代價是什麼？

◎不願附和的迷思

在面對市場與調查的資訊，第四型人更倚重的是自己的直覺。你欣賞獨特性，你認為大家都想像得到的特質沒有賣點。太看重消費者回饋的結果，只會讓你製造出和別家公司一樣的產品。然而，如何在市場需要與創意發揮之間找到可以生存下去的平衡點，是第四型領導者需要好好思考的。

◎要求共感的迷思

在面對決策的當下，第四型人更在意的是有沒有熱情。你希望自己的提議能夠引起共鳴，甚至要求大家與你在同等的熱情水平上，表

現出相同的熱忱。強調真誠的第四型人總是不斷地想要展露真性情，然而，並不是所有人都習慣將感情外放，或喜歡身處激烈的強度情緒中。

避開你的領導黑洞

◎感性主導卻造成工作分心

第四型領導者喜歡探究事物的深層意涵，並且習慣把事物與自己內在的情感做連結，此舉常常能夠創造出啟發性強的計畫或感動人心作品。然而，當敏感的你過度沉浸在內心的感受當中時，你的情緒化反應可能會模糊了部屬們的焦點，很可能他們花在觀察與學習順應你的時間比花在工作上還多。

◎感性主導卻變成自我中心

第四型人很難不去關注自己，你習慣以自我作為解釋一切事情的原因。換句話說，你把自己看得太重要了，你認定別人的一切反應都與你有關。一旦你被別人冷淡以對，你通常會急著想要去解釋自己或陷入瘋狂的苦思當中，想要找到被冷落的原因。由於一心想要早一點兒冰釋誤會，你可能沒有考慮到過對方的感受或期望，反而讓別人更認為你就是活在自己的世界裡。第四型領導者要學習以別人的立場來看事情。

◎感性主導卻陷入主觀情緒中

第四型領導者最讓部屬佩服的地方就是很能夠引領大家向內檢視自己的情感，並且領略人性的幽微面。你是一個浪漫主義者，你會願

意花時間去想像並且勾勒出你的夢想；你也是一個悲劇英雄，你對於事物的缺憾特別敏感，尤其一眼就看見理想與現實之間的落差在哪裡，也明瞭為理想得付出的代價是什麼。只是，孤注一擲的個性讓你堅持僅有一次的燃燒，不允許不夠完美的第二次。如果你自認最完美的出手卻失敗了，沮喪與情緒化會讓你陷入黑暗期很久很久。別忘了，你的人格強項就是幫助大家發現自我，當你的情緒低落時，不妨透過激發別人工作熱情的方式，幫助自己的心再度振作起來。

逆向操作贏得人心

◎降低自戀度

第四型人最大的挑戰就在於你能不能把注意力從自己身上拿開，改以別人的角度來看事情。請盡量減少分享自己的故事或感覺，而是專注在別人的感受。不要想著「如果這件事發生在我身上，我會怎麼樣？」，不妨多聆聽、多詢問對方的感覺或想法。

◎降低敏感度

第四型人一直在尋找能夠瞭解自己的人，總是期望從對方身上獲得情感上的認同。下次當你又忍不住伸出感覺的天線想要接收別人的情緒信號時，不妨提醒自己：「我所感覺到的情況與真實狀況一致嗎？如果暫時把個人感受放一邊，我看到的真相是什麼？」

◎降低情緒強度

第四型領導者很容易過度受到感覺的影響，而讓自己的表達方式充滿情緒。降低情緒強度有一個方法，那就是「不要說到盡興。」把

對話結束在「覺得還想說點什麼」的狀況下，不需要傾洩多餘的感覺。第四型人與第二型人、第三型人同屬於「情感組」，都會不自覺的想向旁人索討注意力。第二型人用服務，第三型人用成就，第四型人則是以自己的情緒反應來吸引別人的注意。

第五型人

透視你的決策習慣

◎邏輯主導的迷思

在面對表現與期限的同時，第五型人更在意的是邏輯性。第五型人和第一型人一樣，都喜歡建立某種模式。然而，第一型人希望模式能夠帶來秩序，第五型人則是想透過模式的推演預知可能的結果。所以，公式、定律、與理論是第五型人熱衷的事物；相對的，那些需要投入大量個人感受的議題比較不會引起你的興趣。第五型人常常在思索這些問題：「做這件事還沒有更好更有效的方法？」、「有沒有一個公式或流程，讓我以後可以很快的把事情分類處理或預見發展？」、「數據在哪裡？分析在哪裡？」當第五型人被「凡事一定有一個邏輯在」的光環所吸引時，別忘了檢視付出的代價是什麼？

◎理性至上的迷思

在面對別人的經驗與建議時，第五型人更倚重的是自己的分析。在你眼裡，別人的經驗並不值得參考，因為，很少有人能夠和你一樣保持高度的理性。不少第五型人認為一般人做事情不太用大腦，更別說精準性。然而，過度強調科學性的結果，很容易讓你的心變得冰冷，軟性溝通變成難題。其實，第五型人對別人的感覺是相當敏感的，只是，你執著在尋找答案，理性不允許你回應別人的感受。

◎獨自決策的迷思

在面對決策的當下，第五型人更在意的是有沒有時間讓他安靜思

考。你對別人的期望是敏感的，但是，你很少在第一時間給別人回應，因為，你擔心自己會被麻煩纏上。做決定時，你不喜歡被催促，更不希望被打擾，你習慣一個人做決定，但是在決定之前，你會盡量蒐集相關資訊。只是，當其他人「被告知」你的決定時，感覺上沒有被尊重，甚至誤會你很獨裁。不妨在你宣布決策前先釋放一些風聲或稍微徵詢意見，給相關人士「暖身」的時間，讓他們有機會瞭解你在決策背後的用意。

避開你的領導黑洞

◎過度內斂卻造成人際疏離

第五型領導者通常行事低調，喜歡安靜來去的不引起太多注意。同時，你很容易一頭栽進自己有興趣的事物或思考中，對於周圍的其他狀況相對的顯得不關心。第五型人並非都是社交絕緣體，但是，要開放多少個人資訊給外界知道，你有清楚的底線。有時候我們也會見到第五型人在展現親和力，不過那通常只有兩種情況：（1）你真的感到輕鬆、沒有壓力；（2）你已經做好「要好好展現親和力」的準備。

◎過度內斂卻變成懷才不遇

第五型人不喜歡被注意、與凡事想要做好萬全準備再出場的性格，難免讓你錯失了一些展現才華的機會。第五型人希望自己有紮實的專業知識，所以，你的工作風格是敬業又認真；你期望自己能夠一鳴驚人，不然寧願自詡在韜光養晦。因此，你也最看不起嘴上功夫大

於專業技能的人。然而，縱使有十八般武藝也得讓人看到才有價值。第五型人不擅長推銷自己；如何放下身段、運用人際力量，是第五型領導者的必修功課。

◎過度內斂卻造成團隊隔閡

第五型領導者最讓部屬佩服的地方就是——不受情緒影響。然而，你的部屬們可能正面臨工作壓力或情緒困擾，需要適當的開導與激勵，身為第五型領導者的你在此時會覺得很有壓力。你未必不明白對方的痛苦，只是，強調理性處事的你不知道應該如何安慰對方才算適當。有些第五型領導者認為應該要尊重部屬不過問，然而，這正是第五型人需要自我調整的地方。如果第五型領導者能夠兼顧部屬的感受，尤其在部門遭逢巨大挑戰時，第五型領導者一方面能夠沉著領軍，一方面又能夠同理部屬的心情，那麼第五型人將是一位非常出色的領導者。

逆向操作贏得人心

◎經營團結氛圍

第五型人最大的挑戰就在於你能不能允許自己成為別人的支柱。獨立作業是第五型人的理想職場型態，然而，許多時候仍然需要與隊友整合才能完成任務。因此，你要先調整人格中「自掃門前雪」的特質，主動關心部屬們的進度與困難，並且在團隊內營造互相依靠但是不依賴的氛圍。這將有力彌補第五型領導者在不自覺中帶給部屬的人際疏離感。

◎經營關鍵人士

　　人際相處雖然是第五型人的職場死穴，但是，城府不淺的你絕對有天分可以玩一場權力的遊戲。關鍵在於你願不願意把人際相處也當成職場專業技能的一部分。

◎經營行動力

　　閉門造車是行事大忌，然而，一心想要有驚人表現而來回琢磨的第五型人卻經常落入象牙塔而不自覺。當斟酌到一定的階段時，先把點子或商品推出去，再根據實際狀況或市場反應來做修正，絕對強過把好想法鎖在腦子裡發霉或讓別人捷足先登。

第六型人

透視你的決策習慣

◎危機意識的迷思

在面對計畫與執行的同時，第六型人更在意的是潛在問題。第六型人喜歡把事情攤開來，從頭到尾檢視所有問題，包括已經出現的與可能出現的問題都要審慎評估與解決。對於別人的樂觀看法，第六型人向來持保留態度，甚至主觀地認定對方做事態度不夠嚴謹。第六型人常常在思索這些問題：「這樣做有什麼危險？因應的對策是什麼？」、「對方都說出所有的事實了嗎？」、「還有什麼問題是我沒想到的？」當第六型人被「要小心防堵意外發生」的光環所吸引時，別忘了檢視付出的代價是什麼？

◎人性黑暗面的迷思

在選擇相信或質疑的時候，第六型人更倚重的是自己對人性的瞭解。你並不排斥人性的黑暗面，甚至你能夠包容小奸小惡的存在。因為，生性喜歡質疑的你，向來就認定人性不會是完美的，世事一定會有缺憾。然而，當一位人格健康度不錯的人向你表達他想要為人服務的熱忱時，或一位第二型人熱血沸騰的想要為團隊奉獻時，第六型人的直覺反應通常是懷疑，你不相信世界上真的有人會那麼好心，你會好奇地想要探究對方背後的動機。第六型人並不是壞心眼，想反的，你很願意為弱勢出頭。只是懷疑的本性，讓你很難一下子就相信別人。

◎魔鬼藏在細節裡的迷思

在面對決策的當下，第六型人更在意的是他有沒有想到最壞的情況並且做好準備。其實，身為第六型人的你通常很快能夠做出決定，只是，擔心太快做決定而忽略潛在問題的人格傾向，讓你習慣做好決定後又質疑、甚至推翻原來的決定；然後一切又回到原點，你會再從原來的眾多選擇中找出另外一個選項，之後又質疑它。第六型人的決策過程就是「決定、推翻、再決定、再推翻。」因此常容易給人反覆不定的印象。當你著魔於發現問題時，很容易陷入見樹不見林窘境；過度執著在不太可能會發生的意外，你會被擔憂嚇壞而變得目光淺短。

避開你的領導黑洞

◎危機意識卻造成被恐懼吞噬

第六型領導者有時候勇敢、有時候恐懼，因為，你總是被擔心所驅動。當然，一個性格健康度佳的第六型人是勇氣十足的，那是透過擁抱恐懼而生出勇氣。只是，一般第六型人擔心到一個極致時，有時候因為受不了那種焦慮感，乾脆閉者眼睛向前衝；有時候則是被焦慮感打敗，就會恐懼到躊躇不前。所以，第六型人最需要的就是靜心，平時多加強自我肯定，這樣當面對危機時，你的冷靜會幫助你安撫焦慮，自我肯定的信心會幫助你堅持自己的決定。更重要的是體悟到，沒有人比你更瞭解現況，寧可相信你自己的判斷，也不要因為聽信了別人卻不符預期，或猶豫不前而讓你懊悔不已。

◎危機意識卻變成敵我分明

第六型人最在意忠誠的關係。所以，你對待部屬相當好，因為，你期望的是同等忠誠的回報。而在同儕中，你也傾向尋找盟友。每當遇到需要表態的場合，第六型人通常會事先徵詢盟友們的決定，然後再思考自己的立場。如果，第六型人在某個會議中表現特別大膽地反對某個提議，那意味著你很清楚地知道在會議室中有人是挺你的；當你愈確定自己是被支持的，會愈有自信。然而，為了要對盟友表達忠貞，也容易造成你會不理性的排斥非盟友的人與意見。

◎危機意識卻造成風格模糊

第六型領導者通常給部屬沒有主管架子的感覺，但是，卻也說不出你的個人領導風格。因為，第六型人內在的不確定感常常會外顯在言行舉止上。第六型人對人性有高度的直覺力但是又好懷疑，所以，你知道人是無法被完全信賴的，但是又渴望有忠誠的關係。於是，第六型人就在信任與不信任間來回擺盪。當信任主導時，你是自信而果決的，甚至出現權威感；當不信任主導時，你是警覺而猶豫的，甚至出現攻擊性。因此，學習如何相信自己也信任別人，是第六型領導者的重要功課。

逆向操作贏得人心

◎檢視你對權威的心結

第六型人最大的挑戰就在於你能不能相信你自己。由於自我懷疑，造成第六型人對其他人也採取懷疑的態度。畢竟連自己都不能相

信了，還能相信誰呢？在不信任的作祟下，第六型人對於上位者更是提心吊膽深怕被欺壓，也因此對於命令特別反感。所以，不妨檢視你向來與權威者的關係，你是否過度質疑或挑釁了上司而影響工作前途呢？

◎檢視你的焦慮反應

正如好奇心可以整死第五型人，焦慮感可以毀掉第六型人。透過自我觀察或研習九型人格，找到你在焦慮時的行為模式，學習幫助自己安撫焦慮感的小技巧，例如：轉換注意力、深呼吸等。不要讓你寶貴的想像力與精力都花在預測壞事上。

◎檢視你的關注對象

你向來只重視盟友或與你相合的人，所以總是在這些人身上經營忠誠度。不妨把注意力轉移到那些與你意見不和的人。過去你習慣將他們排除在外，現在可以嘗試找他們作朋友，這些人會帶給你相當驚人的身心成長！

第七型人

透視你的決策習慣

◎樂在工作的迷思

在展望目標的同時，第七型人更在意的是做這件事的樂趣在哪裡。第七型人趨樂避苦的本性，讓你傾向挑自己的喜歡的或能夠帶來樂趣的工作。夢想、新奇、冒險最能夠帶給第七型人想要的刺激與新鮮感。第七型人常常在思索這些問題：「哪件工作比較有趣？比較刺激？比較能夠搞怪？」、「真的要為了工作把自己搞得這麼不開心嗎？」、「還有沒有更好的機會？」。當第七型人被「人生應該要快樂一點」的光環所吸引時，別忘了檢視付出的代價是什麼？

◎更多可能性的迷思

在面對截止期限時，讓第七型人更感壓力的是自己已經沒有選擇。第七型人個性中的被剝奪感，讓你對於「期限或約定」這件事有著莫名的恐懼與煩躁。對第七型人來說，凡事沒有最後的答案，一切的決定都只適用於眼前此刻。或許你自以為是活在當下，但是，內心深處害怕被限制的焦慮，其實會讓你排斥去審慎思考現況與未來可能發生的問題，為了想先安撫目前急需做決定的不舒服感而盲目行動。

◎樂觀的迷思

在面對決策的當下，第七型人更在意的是有沒有囊括最多選擇並且找到最有趣的或最有利的方式。此時的你會發揮最大的想像力，天馬行空的腦力激盪出各式各樣讓旁人驚豔、甚至咋舌的想法。其實，

第七型人潛意識裡也很想探究自己的想像力極限在哪裡。因此，你也會希望大家多多提供意見好讓你激發出更多的點子。只是，傾向跳過麻煩面的第七型人很容易被計畫中的樂趣吸引，而忽略了執行的細節與困難處；自我感覺超良好的第七型人也常常因為過度樂觀評估與自我膨脹而造成日後巨大的損失。

避開你的領導黑洞

◎衝得快卻造成彈性疲乏

第七型領導者絕對是團隊的電力馬達，你總是如旋風一般地帶著大家跟隨你轉動。你有源源不絕的創意，卻為部屬帶來永無止盡的工作量；甚至一件任務還未完成，隨即又有新任務。第七型人喜歡高速有變化的工作步調與內容，只要他能夠挖掘出其中的樂趣；然而，別人不見得能夠長期處在如此變化多端的職場生態裡，再優秀的團隊也會被疲累磨盡或感到茫然沒有方向。

◎衝得快卻變成囫圇吞棗

稱第七型人是九種人裡學習速度最快的人是中肯的，因為，第七型人普遍聰明、反應快。加上第七型人向來自我感覺良好，學東西常常只學部分就以為通曉全局；樂觀的天性，更造成不拘泥探討細節。如此得來的知識並不紮實，緊急時虛應或許有用，但是，需要深入討論時便露出馬腳。第七型領導者閱讀資料時也是速度驚人，並且能夠很快做出結論。然而，如果忙中有誤的漏掉重要資訊導致做出錯誤結論的頻率太高，第七型人就很難獲得部屬的全部信賴了。

◎衝得快卻造成怪罪他人

第七型領導者通常給部屬愉快的工作氣氛，但是計畫當失敗時卻會嚴厲地檢討別人。你真的不認為是自己的錯，因為，你是多麼認真、多麼精力充沛地在帶領大家工作；你的點子與腳步從未停下來。任務會失敗，是因為別人沒有做好他的工作。這就是第七型人衝太快的盲點之一。你的腳步很難有人能夠完全跟上，畢竟，發想與執行是兩回事。第七型人會邊工作邊發想新點子，你沒有時間去設想執行時的細節。因此，第七型領導者不僅要帶領團隊往前衝，同時，也要適時地回頭看看大家是否都準備好了。

逆向操作贏得人心

◎學習慢活

第七型人最大的挑戰就在於能不能放慢速度，包括說話、思考、決策時間、甚至是呼吸。或許你自認為是把握現在，但是，想想看，是不是因為太急切想跳到下一秒，反而將現在草草結束了。

◎學習面對

由於第七型人不想承受痛苦的情緒，一旦旁人的言行讓你感到不舒服時，你的自我防禦心便會增強。一般來說，第七型人的口才都不錯，尤其是當你受到旁人的批評時，會為自己辯護。然而，其實你在抵擋的是內心不想接受痛苦的恐懼，而不是別人的言行。

◎學習堅持

　　承認吧！你有許多未完成的點子，而未完成的原因常常是因為遇到瓶頸或你不想花時間去解決困難。這都是不想承受痛苦的心態在作祟！因此，請咬著牙完成你現在手邊正在進行的工作吧！喜歡一氣呵成的你，不妨把一件工作切割成數個小任務，然後，要求自己一次完成一個小任務，再激勵自己持續完成一整件工作。

第八型人

透視你的決策習慣

◎權力的迷思

在面對公司規範與團隊經營的同時，第八型人更在意的是自己究竟擁有多少影響力。第八型人和第一型人一樣注重團體中的公平性，但是，第八型人更希望別人能夠震懾於他的威嚴下，唯他是從。第八型人常常在思索這些問題：「我想要什麼？我得採取什麼行動？」、「我的對手或阻礙在哪裡？」、「我已經得到我想要的了嗎？我還想要什麼？」當第八型人被「我才是決定者」的光環所吸引時，別忘了檢視付出的代價是什麼？

◎好挑戰的迷思

在達到預定目標的同時，讓第八型人更感興奮的是下一個挑戰在哪裡。第八型人個性中的欲望過盛，讓你對「征服」上癮。對第八型人來說，有欲望是一件好事，因為欲望的驅使會讓你感到更旺盛的生命力。第八型人喜歡正面對決的感覺，更享受擊垮別人意志力的快感。所以，即使你其實並不討厭對方，仍然會以挑戰的姿態與別人互動，期望能激起雙方的火花。但是，其他人格類型者並不見得喜歡團隊內的挑釁，你的好戰態度容易破壞合作氣氛。

◎直覺導向的迷思

在面對決策的當下，第八型人更在意的是自己的想法。對你來說，別人的意見都像是薄霧中的風景，蒼白而模糊；唯有你自己的想

法才是最真實有力。許多第八型人認為找別人商量事情是多此一舉的，因為，自己心中早有定見，何必浪費時間。第八型人常常依直覺行事，反芻資訊不是你的強項。而在團隊討論時，有些第八型人會直接否決大多數人的意見；也有些第八型人表面上表現尊重團隊，但是實際上仍舊自己做決定。當你又想忽略別人的意見時，不妨想想看過去是否曾經一意孤行或衝動行事而犯下了大錯。

避開你的領導黑洞

◎強人領導卻造成鐵血獨裁

第八型人絕對是充滿能量與力量感的領導者，宏亮的聲音罵起人來中氣十足，銳利眼神瞪著人看時的殺氣更讓部屬驚心動魄。你希望自己就像是傳說中的天神，勇敢無敵而且大權在握。第八型人遇到愈競爭的場面會愈興奮，你喜歡弭平群雄強力崛起的英雄感。然而，在第八型人為團隊樹立屹立不拔的精神象徵時，極有可能用力過度，反而讓部屬們生存在威嚇高壓的工作氛圍中，抑制了原本應該發揮的潛力。

◎強人領導卻變成大怒神

第八型人可以算是九種人中脾氣最暴烈的一型，你的憤怒點非常低，因為，直覺主導的你很難壓抑住來自丹田的熊熊怒火。許多第八型人都曾經分享過，當那股強大的怒氣由腳底直衝腦門的時候，腦筋已經不聽使喚，所有的情緒只能直接爆發。尤其當部屬沒有照令行事或沒有拼全力達到應有的目標時，第八型人絕對會暴跳如雷。第八型

人的權威是不容挑戰的,即使部屬照著個人意志做出更好的成績,第八型人還是會因為部屬的擅自作主而感到惱怒。第八型領導者具有誠實、直接、洞察人心的長才,但是過度的控制欲與爆發力,常常讓第八型人成為一團電火球,狠狠灼傷了身邊的人。

◎強人領導卻造成疑心病重

第八型領導者通常讓部屬覺得有伴君如伴虎的強大壓力,雖然,你的獎勵分明,甚至相信重金之下有勇夫,但是暴怒無情也常常讓部屬氣憤求去。第八型領導者對於忠誠度的要求相當高,一方面是自己的權威不容挑戰,一方面也是源自對人的不信任感。第八型人最厭惡部屬知情不報,因為那直接挑起第八型人最大的恐懼:背叛。然而,第八型領導者可能會忽略的事實是,因為你平時太劇烈的情緒反應,讓部屬們驚嚇到如闖禍的孩子一般不敢向嚴厲的父母承認錯誤。

逆向操作贏得人心

◎控制力道

第八型人最大的挑戰就在於你能不能明顯地降低你的強度,尤其在指責別人的時候。請試著不要在辦公室裡吼叫,你也許並未針對某個特定的人;也許只是在發洩內心的不快,但是,你的無心卻因為強度的關係,常常會讓周圍的人連帶受傷。在恐懼與憤怒的氛圍下,人們很難有好的表現。

◎控制情緒

由於第八型人直接的個性,你很難藏住內心的情緒,尤其當你負

責的事情出狀況時，習慣把內心對自己的憤怒轉嫁到周圍的人身上。事實是你想要發洩情緒，但是應該一個人先行處理。請盡量不要在情緒中與部屬溝通，你的發洩情緒只會讓溝通更困難。

◎控制主觀

雖然你的直覺帶領你打過無數勝仗，但是，如果能夠更全面的思考與決斷，你的成就與版圖是不是會更大？不妨每天找一個與自己意見不同的人或觀點來探究，不要急著粉碎異見，嘗試更有勇氣的粉碎自己吧！

第九型人

透視你的決策習慣

◎順其自然的迷思

在面對工作分配與人員管理的同時，第九型人更在意的是內心的從容感。第九型人很少衝動決定，你喜歡守著既有的想法，等待適當的時機；如果既有的想法沒有受到大多數人的支持，你更會緩下腳步觀望。第九型人常常在思索這些問題：「再等一等，也許答案就會出現？」、「如果我做了這個決定，會讓誰不開心？」、「有時候不做決定比勉強決定要來得好！」當第九型人被「不想得罪任何人」的光環所吸引時，別忘了檢視付出的代價是什麼？

◎和諧的迷思

在設定目標的同時，讓第九型人更有動力的是如何把大家各安其位、各自發揮所長並且各得其樂。你希望部屬們能夠懷抱著共同目標一起努力，你更期許自己能夠協助他們發揮自我。第九型人自認是一位交響樂團的指揮，在帶領團隊和諧合作的前提下，同時也盡量給予隊友們足夠的支持與發揮空間。然而，太想要協助隊友們都能夠安心工作，第九型領導者很容易忙著幫部屬解決個人問題而忽略團隊的大目標。其實，第九型人未必都喜歡拖延，然而，為了避免衝突而先去做那些被他人不斷抱怨的工作，通常是導致第九型人無法按時完成既定工作的主要原因。

◎堅守傳統的迷思

在面對決策的當下，第九型人更在意的是前人如何做。對你來說，今天應該和昨天一樣，明天最好和今天一致；變化雖然是一件好事，但是，你寧願照舊。第九型人非常倚重過去的經驗，一來風險較小，二來也可以不必太花力氣。因此，每當遇到必須即刻決策、可是又無前人案例可以參考時，最讓第九型領導者頭疼猶豫。其實，第九型人也許不知道自己內心真正的偏好，但是，你通常知道自己不想要什麼。然而，第九型人和第八型人與第一型人同屬於本能組，這三種人習慣仰賴直覺。因此，第九型人不妨捫心自問：「目前這個情況中，哪一個選擇讓我感到最不舒服？最有抗拒感？」隨著一一刪去各種令你不自在的選項，剩下的應該就是你比較希望的方式了。

避開你的領導黑洞

◎全心融入卻淪於枝微末節

第九型人是極佳的團隊整合者，你會盡力促進團隊融合、提供隊友足夠的支持、並且用心在掌握各個細節。在你的親和帶領下，團隊的向心力是無庸置疑的，然而，過度牽掛於細節常常拖延了決策的速度。第九型領導者很享受與部屬們打成一片的融洽感，你竭力地想支持到每一個人。只是，一個人的時間與精力都有限，容易為了要面面俱到卻造成公事上的延宕。而決策者的拖延，往往會讓整個團隊陷入工作停滯的狀態，因為，沒有進一步的指示，大家無法向前。這常常會讓部屬們抱怨連連，而大家的抱怨又會轉成壓力回到第九型領導者

的身上。此時，習慣消極抵抗壓力的第九型人可能會更不做決策。

◎全心融入卻變得討好失焦

第九型人可以算是九種人中最渴望內心平靜的一型，為了保有安心無虞的感覺，會先去擺平環境中讓你感到困擾的事情。當然，那些事情必須是不用花太多力氣的，不然，你可能就會先擺著。因此，第九型人傾向先去做容易被解決的小事情，把大事情留到最後。你原本希望自己能夠全心全力地去做大事情，但是，先做小事情的風險是：你可能沒有剩很多時間與精力去做大事情。此外，第九型人不喜歡與人衝突的個性，常常讓你不敢馬上布達指示或宣布決策，因為，那可能讓你有被人抱怨的風險。但是，此舉鐵定會拖延工作進度。

◎全心融入卻造成立場模糊

第九型人不習慣直接表態，因為不想當場與別人起衝突。如果遇到必須表態，但是又想避免衝突的時候，第九型人傾向採用陳述多種角度的方式，然後把自己的想法安插在其中。這往往造成別人抓不到第九型人的自我主張。此外，由於第九型領導者希望支持到每一個人，因此，你會盡量讓每一方的觀點都有公平呈現的機會，也會表現出尊重個人意見的姿態。只是，身為決策者的任務之一，就是要幫助團隊做出最有利的決定，或將團隊凝聚在某一個明確的立場或目標下。領導者的立場不明確，往往會讓團隊陷入茫然猶疑的危機中。

逆向操作贏得人心

◎堅持自己

第九型人最大的挑戰就在於你敢不敢率先表達自己想法，尤其當你知道有人會不滿意。請試著不要先去揣摩別人的意向，而是把焦點放在如何說服、甚至是拒絕那些前來質疑你的人。

◎堅持重點

由於第九型人容易掉入小事情的個性，你習慣贅述許多不必要的細節。請試著練習抓重點，不妨先從向家人陳述某件日常生活經驗開始。想像你正在寫某本書的心得報告，提綱挈領的把你最想說的部分精簡成幾個重點。

◎堅持效率

時間管理對第九型人相當需要，因為，你不喜歡逼迫自己。不妨每天規定自己要完成某個工作量。比方說，今天一定要處理完桌上現有的公文；明天一定要達成某個協定等。

國家圖書館出版品預行編目資料

九型人格職場聖經／胡挹芬著. -- 初版.
　-- 新北市：養沛文化館, 2012.07
　面；　公分. -- (I CARE快樂心田；10)
　ISBN 978-986-6247-50-7（平裝）

1.人格心理學　2.人格特質

173.75　　　　　　　　101009613

I CARE 快樂心田 10

九型人格職場聖經

作　　　者／胡挹芬
發 行 人／詹慶和
總 編 輯／蔡麗玲
執行編輯／林昱彤
編　　　輯／黃薇之・蔡毓玲・詹凱雲・劉蕙寧・李盈儀
執行美編／陳麗娜
美術編輯／王婷婷
插圖繪製／黎宇珠
出 版 者／養沛文化館
發 行 者／雅書堂文化事業有限公司
郵政劃撥帳號／18225950
戶　　　名／雅書堂文化事業有限公司
地　　　址／新北市板橋區板新路206號3樓
電子信箱／elegant.books@msa.hinet.net
電　　　話／（02）8952-4078
傳　　　真／（02）8952-4084

2012年7月初版一刷　定價350元

總經銷／朝日文化事業有限公司
進退貨地址／台北縣中和市橋安街15巷1樓7樓
電話／（02）2249-7714　　傳真／（02）2249-8715
星馬地區總代理：諾文化事業私人有限公司
新加坡／Novum Organum Publishing House (Pte) Ltd.
20 Old Toh Tuck Road, Singapore 597655.
TEL：65-6462-6141　　FAX：65-6469-4043
馬來西亞／Novum Organum Publishing House (M) Sdn. Bhd.
No. 8, Jalan 7/118B, Desa Tun Razak, 56000 Kuala Lumpur, Malaysia
TEL：603-9179-6333　　FAX：603-9179-6060